A Special Lecture on Classical Music

# 클래식 음악사 특강

김미애 저

학지사

# 머리말

『클래식 음악사 특강』은 독자에게 읽기 자료, 그림, 사진, 도표 등의 시각적 자료와 세계적인 연주자들의 연주 동영상의 시청각 영상자료를 통해 '클래식 음악'이란 무엇인가에 대하여 구체적이며 뚜렷하게 제시한다. 이 책은 클래식 음악의 장르와 작품들의 이론적 배경에 대한 확실한 개념 이해에서부터 그에 해당하는 음악 감상 그리고 그 음악에 대한 감동까지 멈춤 없이 단번에 이루어지는 짜임으로 구성되어 있는 것이 큰 특징이다.

『클래식 음악사 특강』은 중세에서 태동하여 현대까지 걸어 온 클래식 음악의 역사적 발자취에서 시대별로 중심 주제 17개를 선정하여 집중적으로 다루었다. 클래식 음악 작품들의 생성 배경과 작품 구조를 비롯한 음악 이론, 그 음악의 독창적인 아름다움은 어디에 있는지에 대한 음악미학적 관점, 그리고 그러한 작품들이 나오게 된 역사사회학적인 배경에 대한 핵심을 순화하여 편안하고 흥미롭게 안내하고자 노력하였다. 그리고 음악 작품이나 장르를 개별적으로 조명함과 더불어 음악사 전체를 훤하게 꿰뚫어 볼 수 있도록 내용을 통찰력 있게 구성하고자 힘을 기울였다.

끝으로 옆에서 항상 필자의 집필 활동을 온 마음으로 응원해 주는 나의 사랑하는 가족, 존경하는 선후배 동료 교수님들, 그리고 나의 다정한 제자들에게 감사한다. 그리고 무엇보다도 이 책을 출판하고자 하는 계획을 세우시고 힘차게 이끌어 주신 학지사 김진환 대표님께 진심으로 감사의 말씀을 올린다. 또한 언제나 현명하고 친절한 모습으로 출판 작업을 지휘하시는 학지사 김순호 이사님의 노고에 감사드린다.

2023년 정월에
김미애

# 차례

# 세부 차례

## 제4부
# 낭만주의 시대

## 제5부
# 20세기 음악

제1부

# 중세, 르네상스 시대

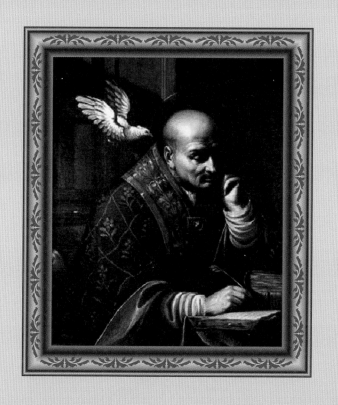

1

# 클래식 음악의 시조,
# '그레고리오 성가'

# 교황 그레고리오 I세[Pope Gregory I, Gregorius Magnus, I540(?)~604]

①

- 교황 재위 기간(590~604)
- 가톨릭교회의 의전 확립, 전례의 아버지라고 불림
- 다수의 신학 저서를 남김, 교회학자 칭호를 받음
- 교회음악 학교(Schola Cantorum)를 설치함
- 최초의 성가집 『안티포나리움』을 편찬함
- 전례음악 그레고리오 성가(Gregorian Chant)를 지음
  [비둘기의 모습으로 나타난 성령(Holy Spirit)의 노래를 채보하였다고 전해짐]
- 1295년 성인품에 오름
- 교황 레오 I세(재위 기간 440~461)와 함께 대교황으로 추대됨
  (Gregorius Magnus)

② 교황 그레고리오 I세에게 비둘기가
성가를 불러 주고 있다.

## 1. 그레고리오 성가는 가톨릭교회의 전통 전례음악

- 그레고리오 성가는 악보로 기록되어 있는 유럽 최초의 음악이므로 클래식 음악의 시조다.

- 교황 그레고리오 I세 시기부터 21세기 현재까지 로마 가톨릭교회에서 공인하고 있는 전통 전례음악이다. 가톨릭교회에서 행하는 미사를 비롯한 모든 전례에 사용한다.

③ 가톨릭교회에서 미사를 드리는 모습

# 미사(Missa)

'미사'는 교회에서 행하는 공식적인 전례 의식을 뜻하며, 교회 문화에서 가장 주된 역할을 한다. 통상적으로 미사의 전례 의식과 전례음악을 동일하게 '미사'라고 칭하지만, 이하는 쉽게 구별하기 위해서 전례음악은 '미사곡'이라고 하겠다.

미사곡의 시초는 중세 시대에 가톨릭교회에서 미사를 볼 때 전례를 말로 진행하지 않고, 그레고리오 성가로 진행했던 것에서 비롯된다. 따라서 미사곡의 순서는 가톨릭교회의 미사 순서와 동일하다. 16세기 종교개혁 이후 기독교 교회의 미사곡은 간소하게 '키리에'와 '글로리아'만 노래한다(간소한 미사, Missa brevis). 그러나 일반적으로 미사곡이라 함은 가톨릭교회의 전례대로 다음에 나오는 도표와 동일한 순서로 노래하는 작품을 말한다.

13세기 이후의 미사곡은 작곡가들이 통상문만 작곡하는 경향이 있었다. 고유문은 교회의 절기에 따라서 텍스트가 달라지지만, 통상문 5부분(키리에, 글로리아, 크레도, 상투스, 베네딕투스, 아뉴스 데이)은 절기와 상관없이 항상 텍스트가 동일하기 때문이다. 미사곡의 작곡 경향은 시대 양식과 작곡가 개인 양식에 따라 변천한다.

죽은 이를 위한 미사는 '레퀴엠(Requiem)'이라고 한다. 입당송의 첫 노랫말이 '레퀴엠 에테르남(영원한 안식을, Requiem aeternam)'으로 시작되기 때문이다. 레퀴엠의 고유문은 일반 미사와 달리 항상 고정되어 있으며, 통상문의 글로리아(영광송)와 크레도(신앙고백)는 순서에서 빠진다. 모차르트와 베르디의 레퀴엠이 특히 유명하다.

〈가톨릭교회의 미사 의식과 미사곡 순서〉

| 순서 | 주로 사제가 낭독하는 부분 | 고유문(성가대) | 통상문(회중) |
|---|---|---|---|
| 1. 시작 예식 | 시작기도 | 입당송(Introitus) | 참회(Kyrie), 영광송(Gloria) |
| 2. 말씀 전례 | 독서: 복음 | 층계송(Graduale) | 신앙고백(Credo) |
| 3.성찬 전례 | 예물기도 | 감사송(Offertorium) | 거룩하시다(Sanctus)<br>오시는 이의 축복(Benedictus) |
| 4. 성찬식 | 주님의 기도, 성찬기도 | 영성체송(Communio) | 하느님의 어린 양(Agnus Dei) |
| 5. 마침 예식 | 미사가 끝났으니, 돌아가 복음을 전합시다(Ite missa est). | | |

# 2. 그레고리오 성가의 유래와 네우마 기보법

- 그레고리오 성가에는 "비둘기 모습으로 나타난 하느님의 사자가 불러 준 선율을 교황 그레고리오 I세가 채보하였다."는 성담이 전해 내려오고 있다. 그러므로 그레고리오 성가에는 작곡가 이름이 적혀 있지 않다.

- 그레고리오 성가는 당시 유대교의 예배 의식에서 기도와 성경을 낭송조로 읊던 시편창(Psalmodia)과 이탈리아, 프랑스, 스페인 등 각 지역에서 부르던 성가들의 영향을 받은 것으로 연구되었다.

- 6~8세기에 서양 최초의 기보법인 네우마(neume)가 고안됨으로써 7세기경부터 유럽 전역에서 악보를 보고 공통되게 노래할 수 있었다.

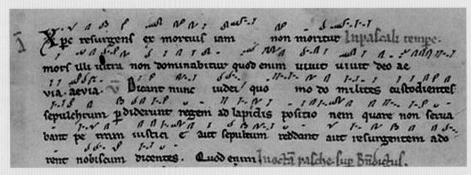

④ 최초의 악보. 텍스트 위에 섞여 있는 기호가 네우마다.

# 3. 그레고리오 성가의 전파와 의미

- 7세기부터 독일, 프랑스, 영국의 수도원, 성가 학교, 음악 학교에서 그레고리오 성가를 네우마 악보로 기록하여 교육하기 시작하였다.

- 10~12세기에는 유럽의 가톨릭교를 국교로 하는 국가의 왕들이 그레고리오 성가의 보급에 힘씀으로써 그레고리오 성가는 전성기를 맞이하게 되었다.

- 11세기부터 폴리포니(polyphony, 다성음악)로 작곡된 전례음악이 유행하기 시작하여, 16세기까지 계속 번성하였다. 모노포니(monophony, 단성음악)인 그레고리오 성가는 상대적으로 점점 위축되었다.

⑤ 그레고리오 성가를 노래하는 수도사들(15세기 이탈리아 성가집에서)

- 그레고리오 성가는 16세기 이후 실제 가톨릭교회의 전례 의식에서 거의 사라져 갔다. 그러나 19세기부터 그레고리오 성가를 부활시키려는 노력이 있었고, 19세기 후반부터는 부흥 운동이 시작되었다. 20세기 초에 교황 비오 X세(Pius X, 1903~1914 재위 기간)는 '그레고리오 성가는 교회음악에서 가장 이상적인 음악'이라고 하였으며, "교회음악 작곡은 뜻이나 느낌이 그레고리오 성가에 가까울수록 교회와 의전에 합당하다."라고 하였다.

- 그레고리오 성가는 21세기인 현시대까지 로마 가톨릭교회에서 공인한 전통 전례 성가이며, 현대의 일반인들에게 가톨릭교회를 상징하는 음악으로 각인되어 있다.

# 중세 시대의 가톨릭교회를 국교로 하는 유럽의 국가들(보라색 지역)

유럽의 중세 시대(Medieval Age)는 대략 500∼1500년 사이를 말한다. 중세 시대에는 다음의 지도와 같이 유럽 지역의 대부분이 가톨릭교를 국교로 정하였으며, 이 시대에는 로마 교황청을 중심으로 하는 교회가 모든 면에서 절대적인 위치에 있었다. 중세의 교회는 종교 기관으로서의 역할뿐만 아니라, 유럽 가톨릭 국가들의 정치, 경제, 사법 그리고 교육 및 일반 행정 업무 등에까지 깊숙이 관여하여 권력을 행사하였다.

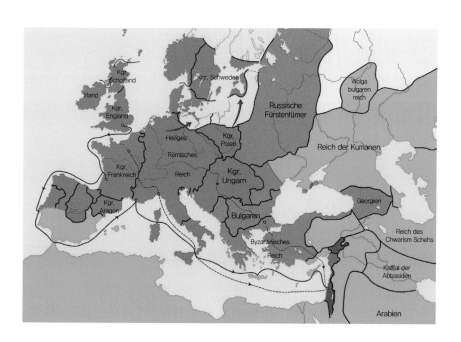

# 1. 그레고리오 성가의 음악적 특징

---

- 그레고리오 성가는 로마 가톨릭교회의 전통적인 전례 성가이며, 일반인들에게는 가톨릭교회 음악의 상징으로 각인되어 있다.

 〈그레고리오 성가〉

- 전례문의 악센트를 좇아서 박자감 없이 자연스러운 리듬으로 유려하게 노래한다(낭송조). 성경 말씀과 기도문이 노랫말이므로, 노랫말이 잘 들리도록 노래하는 것이 우선이다. 따라서 인간의 희로애락의 감정을 표현하거나 선율을 음악적, 예술적으로 꾸미려는 의도는 배제되어 있다.

- 노랫말은 라틴어이며, 드물게 그리스어[키리에(Kyrie), 알렐루야(Alleluja)]도 있다.

- 남성만 노래하는 것이 원칙이다.

- 모노포니(monophony)다. 독창이나 제창하며, 악기 반주를 하지 않는다.

- 온음계(diatonic)로 큰 도약 없이 대부분 순차 진행을 하므로 성스럽고 평안한 느낌을 준다.

- 교회선법(church mode)으로 작곡되었다.

# 음악의 짜임새

음악의 짜임새는 다음과 같이 4가지 종류가 있다.

- 모노포니(monophony): 선율이 하나만 존재하는 형태다. 여러 사람이 연주하더라도, 모두 하나의 동일한 선율을 연주한다. (예: 그레고리오 성가)

- 폴리포니(polyphony): 두 개 이상의 선율이 각각 어느 정도의 독립성을 유지하면서 대위법적 기술에 의해서 배합되는 형태다. (예: 바흐의 푸가)

- 헤테로포니(heterophony): 몇 사람이 함께 연주할 때 연주자 전원이 모두 하나의 동일한 선율을 연주하는 것을 원칙으로 하되, 각자가 즉흥적으로 원 선율을 조금씩 변주해 가며 연주하는 형태다. (예: 재즈, 한국의 궁중음악과 시나위 등)

- 호모포니(homophony): 주된 역할을 하는 하나의 성부가 주선율을 담당하고, 다른 성부는 화음으로 받쳐 주고 채워 주는 형태다. (예: 서양의 낭만주의 시대 악곡들)

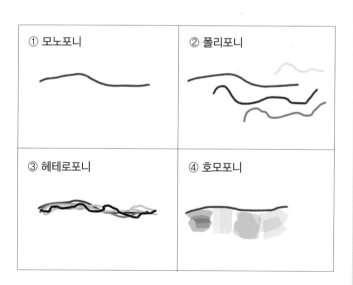

① 모노포니 　　② 폴리포니 　　③ 헤테로포니 　　④ 호모포니

# 교회선법(Church mode)

교회선법은 중세 시대부터 16세기 말까지 사용되었던 선법으로, 17세기 이후 장조와 단조의 조성 음악으로 전환되면서 쇠퇴하였다.

교회선법은 도리아, 프리지아, 리디아, 믹솔리디아의 4개의 정격선법을 4도 아래로 옮겨 놓은 4개의 변격선법으로 구성되어 있다. 16세기에는 여기에 에올리아, 이오니아 선법의 정격과 변격선법이 추가되어 총 12개의 선법을 이루게 된다. 17세기 이후 에올리아와 이오니아 선법이 화성음악의 단음계와 장음계로 변화하였다.

교회선법을 이루는 각 선법은 반음의 위치에 따라 선법의 이름이 정해지며 각기 특유의 독특한 느낌을 선사한다. 귀도 다레초(Guido D'Arezzo)는 도리아는 '신중함', 프리지아는 '신비함', 리디아는 '행복', 믹솔리디아는 '천사스러움'의 느낌이라고 하였다. 이러한 각 선법에 따른 느낌은 개인차를 보일 수 있으나, 선법마다 고유의 느낌이 존재한다.

# 2. 최초의 기보법 네우마

## 1) 초기 네우마

- 오른쪽의 악보는 11세기경의 네우마 악보다. 텍스트 위에 적혀 있는 기호들이 초기의 네우마다. 선율을 기억하도록 텍스트 위에 선율 방향을 간단히 표시하였다.

- 네우마는 인류 최초의 악보 표기법이다. 네우마는 그리스어로 '신호(손의 움직임)'라는 뜻이다. 초기의 네우마는 정확한 음높이를 알려 주지 못하므로, 구전으로 전하는 선율을 기억하기 위한 보조 수단으로 활용되는 수준이었다.

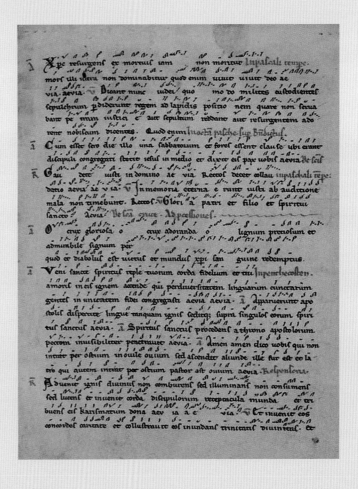

## 2) 12세기 이후의 네우마

• 귀도 다레초[Guido D'Arezzo, 992(?)~1050]가 4선 보표를 고안하였다. 음표를 선 위에 그리고 선과 선 사이에 그려 넣음으로써 음높이를 정확히 표시할 수 있었다.

• 오른쪽의 악보와 같이 12세기부터는 4각 음표와 4선 보표를 사용함으로써 정확한 음이 표시되었지만, 음의 길이는 아직 표시 못하고 있다. 그러나 그레고리오 성가는 박자나 리듬의 구속 없이 텍스트를 자연스럽게 낭송하는 형태이기 때문에 리듬 표시가 필요한 것은 아니었다.

# 3. 네우마 악보 간단히 읽기

- 네우마 악보는 누구나 읽기 쉽다. 또한 그레고리오 성가는 현대 악보로 읽는 것보다 네우마 악보로 노래하는 것이 제격이다.

- 첫 음의 높이는 성가 지도자가 잡는 데에 달려 있다.

- 보표는 C 보표와 F 보표가 있다. 보표가 어느 위치에 붙어 있든지 간에 보표의 허리 부분을 기준음으로 잡으면 된다. C 보표는 C 음, F 보표는 F 음으로 정하고 읽는다.

- '■' '♦' 등 기타 여러 가지 모양에 관계없이 ♪(8분음표)로 동일하게 읽는다.

- 네우마가 몇 개씩 모여 있는지, 얼마나 간격을 두고 있는지와 상관없이 ♪로 균등하게 읽는다.

- 음표 옆에 붙은 점도 하나의 ♪로 읽는다.

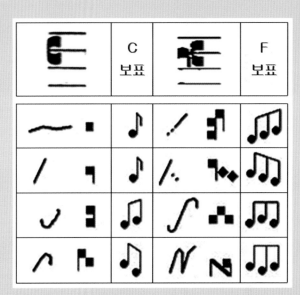

⑦ 네우마를 ♪(8분음표)로 읽기

## 따라 부르기

# 〈살베 레지나(Salve Regina)〉

〈살베 레지나〉는 성모마리아에 대한 가톨릭교회의 성가다. C 보표이므로 허리 부분을 C 음(도)으로 읽으면 첫 음이 'A(라)'다. 세로줄은 짧거나 길거나 숨을 쉬라는 표시다. 악보 매 단의 끝마다 반쪽으로 살짝 보이는 네우마는 다음 단의 첫 음을 표시한 것이다. 선율이 증4도로 진행될 위험이 있을 때는 플랫(Flat, ♭, 내림표)을 즉흥적으로 붙여 노래한다.

〈살베 레지나〉

현대 악보로 옮김

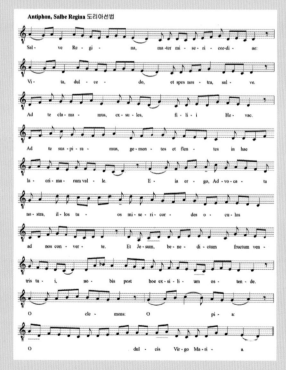

따라 부르기

# 〈빅티메 파스칼리 라우데스(Victime paschali laudes)〉

〈빅티메 파스칼리 라우데스〉는 가톨릭교회에서 부활절 축제 기간 동안 미사 중에 부르는 기도 노래다. '파스카의 희생 제물'이란 뜻으로, 11세기부터 내려오는 성가다.

"파스카 희생 제물 우리도 찬미하세, 그리스도 죄인들을 아버지께 화해시켜 무죄하신 어린양이 양떼들을 구하셨네……."

〈빅티메 파스칼리 라우데스〉

현대 악보로 옮김

# 교회음악의 역사는 음악사의 변천과 함께

최초의 교회음악은 모노포니로 노래하는 중세 시대의 그레고리오 성가다. 그러나 9세기부터 폴리포니가 등장함에 따라 교회음악도 폴리포니로 변화되었고, 16세기에는 최고의 전성기를 맞는다. 그 후 교회음악은 바로크, 고전주의, 낭만주의, 현대음악으로 예술 사조가 변화함과 동시에 교회음악의 작곡 기법도 함께 변화한다.

다음은 우리에게 친숙한 곡 이름인 〈아베 마리아〉의 시대별 작품들이다. '아베 마리아'는 '안녕하세요, 마리아님'이란 뜻이다.

• 중세 시대 모노포니, 그레고리오 성가 〈아베 마리아〉

   〈아베 마리아〉

• 르네상스 시대 폴리포니, 〈아베 마리아〉

   조스켕 데프레[Josquin Desprez, 1450(?)~1521]의 〈아베 마리아〉

   팔레스트리나(Giovanni Pierluigi da Palestrina, 1525~1594)의 〈아베 마리아〉

• 바로크 시대의 〈아베 마리아〉

바로크 시대, 특히 바흐와 헨델(Georg Friedrich Handel, 1685~1759)의 시대 즈음부터는 교회음악이 예술적으로도 큰 감동을 주었으므로, 종교의 테두리를 뛰어넘어서 일반 음악회에서도 연주되기 시작하였다. 다음은 바흐와 동갑내기인 헨델의 〈아베 마리아〉다. 헨델은 자신의 오페라 아리아 '나를 울게 하소서(Lascia Ch'io Pianga)'의 선율을 〈아베 마리아〉에 붙였다.

 헨델의 〈아베 마리아〉

• 고전, 낭만주의 시대의 〈아베 마리아〉

고전, 낭만주의 시대의 작곡가들은 〈아베 마리아〉를 장단조를 사용하여 쉽고 아름답게 작곡하였으므로,  일반인들이 부르기에도 좋다.

 모차르트(Wolfgang Amadeus Mozart, 1756~1791)의 〈아베 마리아〉

 슈베르트(Franz Peter Schubert, 1797~1828)의 〈아베 마리아〉

 구노(Charles-François Gounod, 1818~1893)의 〈아베 마리아〉
바흐의 『평균율 클라비어곡집 1권』 중 〈1번 C장조〉 전주곡을 반주로 하여 구노가 선율을 붙였다.

• 20세기의 〈아베 마리아〉

20세기 이후의 〈아베 마리아〉는 20세기의 특징이 반영되고 있다. 20세기 작품의 큰 특징 중의 하나는 고전주의 시대와 낭만주의 시대의 음악 유산을 거부하고 실험적인 음악을 시도하므로, 고전주의 시대, 낭만주의 시대의 음악에 익숙해 있는 감상자에게 낯섦을 선사한다.

 스트라빈스키(Igor Fyodorovich Stravinsky, 1882~1971)의
〈아베 마리아〉

 오르프(Carl Orff, 1895~1982)의
〈아베 마리아〉

⑧ 〈예수님의 부활〉
베로네세(Paolo Veronese, 1528~1588) 작품

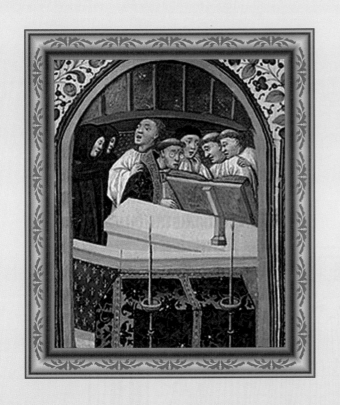

# 2

# 모테트, 폴리포니 예술의 꽃

I. 그레고리오 성가에서 오르가눔으로 / II. 모테트는 폴리포니의 꽃

① 중세 시대에 신부님들이 합창하는 모습(파리)　② 르네상스 시대의 신부님들이 합창하는 모습(15세기 후반)

# I. 그레고리오 성가에서 오르가눔으로(모노포니에서 폴리포니로) −새로운 음향의 세계에 눈뜨다

- 그레고리오 성가는 선율이 하나밖에 없었다(monophony). 그런데?

- 그레고리오 성가는 여러 사람이 노래해도 모두 동일한 선율을 부른다(제창). 그런데 분명히 동일한 선율이지만, 옆 사람은 원 선율과 음정의 차이를 두고 부르는 것이 느껴지는 경우가 있다. 우선 여성은 남성보다 음정이 높다. 그리고 동성이라도 자신이 노래 부르기 편한 음높이로 4도나 5도의 차이를 두고 따라 부르기도 한다. 이와 같은 음정상의 차이를 의식적으로 꺼내어서 성부를 덧붙여 나간 것이 오르가눔이다. 2성, 3성, 4성 오르가눔이 있다.

- 선율이 하나인 그레고리오 성가만을 들어왔던 당시의 청중은 2개 이상의 선율이 동시에 울리는 오르가눔을 들음으로써 새로운 음향 세계를 접하게 되었다.

- 오르가눔은 의전성가인 그레고리오 성가와 달리 교회의 전례 의식에 반드시 묶여 있어야 하는 음악은 아니었다. 쓰임에 따라서 노랫말을 자유로이 선택해서 불러도 되었던 것 또한 오르가눔의 장점이었다.

- 오르가눔은 9세기경에 나타나서 11세기경까지 성행하였다. 병행 오르가눔에서 시작하여 자유 오르가눔으로, 그리고 멜리스마 오르가눔까지 자연스럽게 변화하였다.

1. 병행 오르가눔(Parallel Organum, 9세기경): 기본 성부에다 두 번째 성부(대선율)를 4도나 5도의 음정 차이를 두고 병행으로 부른다.

병행 오르가눔의 악보 및 연주(5도 병행)

2. 자유 오르가눔(Free Organum, 11세기경): 두 성부의 리듬은 동일하게 진행하지만, 음정은 동도, 3도, 4도, 5도, 8도 등으로 자유롭게 진행한다. 병진행이나 반진행이 자유롭게 나타난다.

자유 오르가눔의 악보 및 연주

3. 멜리스마 오르가눔(Melisma Organum, 12세기경): 테노르(tenor, 베이스)가 그레고리오 성가의 선율을 천천히 노래할 때 윗 성부에서는 자유스러운 리듬과 장식적인 선율의 멜리스마 형태로 진행한다.

멜리스마 오르가눔(레오닌의 2성 오르가눔)의 악보 및 연주

• 오르가눔의 대표적 작곡가로는 레오닌[Leonin 또는 Leoninus, 1150(?)~1201(?)]과 페로틴[Perotin 또는 Perotinus, 1150/1165(?)~1200/1225(?)]이 있다.

페로틴의 4성 오르가눔 〈Viderunt Omnes(그들 모두가 보았네)〉의 악보 및 연주

# II. 모테트는 폴리포니의 꽃

## 1. 오르가눔에서 모테트로

---

- 모테트는 12세기경 오르가눔에서 파생되었다. 2성 멜리스마 오르가눔 곡의 일부분에 보였던 현상으로, 움직임이 거의 정체되어 있던 테노르 성부(tenor, 베이스)가 빠른 리듬으로 움직이는 클라우줄라(clausula)라고 불리는 부분이 있다(악보 참고). 이때 테노르는 두플룸(duplum, 두 번째 성부)과 서로 박자를 맞추며 역동적으로 진행한다. 사람들은 이 부분의 두플룸에 새로운 노랫말을 붙여서 노래하였고, 점차 이 부분만 독립적으로 떨어져 나와 '모테트'라는 장르가 되었다.

- 모테트(Motet)의 어원은 불어의 'mot(말)'에서 유래하였다. 즉, 두플룸에 붙이는 말이란 뜻이다.

- 모테트는 공식적인 미사 전례 의식 음악이 아니었으므로 노랫말을 다양한 주제로 선택할 수 있었고, 연주 목적이나 연주 장소의 선택이 교회음악으로 쓰였으나 비교적 자유로울 수 있었다. 모테트에 이러한 다양성이 수용됨으로써 교회음악에도 예술미가 가미될 수 있는 가능성이 열렸다(중세 시대에는 교회음악에서 예술미를 즐기는 것은 허락되지 않았다).

# 레오닌의 2성 오르가눔

## [Viderunt Omnes(그들 모두가 보았네)]

# 2. 중세 시대에서 초기 르네상스의 모테트

중세 시대 신(神) 중심의 세계에서 탈피하여 인간의 본성을 찾으려는 시도를 시작하는 르네상스가 14세기부터 태동하면서 예술은 이 시기를 기점으로 많은 새로운 양상을 보였다. 음악 역시 14세기를 전후하여 새로운 변화를 보였다. 사람들은 13세기까지의 옛 특징을 가지고 있는 음악을 '구예술(ars antiqua)'이라고 불렀고, 14세기 이후 새로운 기법을 사용하여 작곡된 음악을 '신예술(ars nova)'이라고 일컬었다. 'Ars nova'라는 용어는 비트리(Philippe de Vitry, 1291~1361)의 논문 제목에서 유래한다(1322/1323년경 출판).

### 1. 구예술의 모테트(12~13세기)
- 구예술은 중세 시대 기독교 문화가 최고의 전성기를 누리던 12~13세기까지의 음악적 특징을 가지고 있는 음악이다.

다 가사성 모테트 〈J'ai mis–Je n'en puis–Puerorum〉 악보 및 연주

- 초기의 모테트는 독립적인 몇 곡을 동시에 부르는 방식으로 시작되었다. 예를 들면, 테노르는 악기로 연주하거나 그레고리오 성가의 노랫말을 원본대로 노래한다. 그리고 두플룸(두 번째 성부)과 트리플룸(세 번째 성부)은 서로 연관이 없는 제각기 다른 악곡을 노래한다. 예를 들면, 두플룸은 이탈리아어의 종교적인 내용을 가지고 있는 노래이고, 트리플룸은 불어의 세속적인 내용을 가지고 있는 노래다. 각 성부는 노랫말이 서로 다르고[다(多) 가사성], 선율 또한 서로 다르다. 따라서 각 성부마다 프레이즈나 숨 쉬는 곳 등이 모두 제각기이므로, 악곡은 쉼 없이 종지까지 지속된다. 자연히 불협화음이 예기치 않게 다발적으로 부딪칠 수 있다.

- 이 시대의 회중은 노랫말이나 선율을 명확히 파악할 수 없는 것을 단점으로 생각하지 않았던 것 같다. 그들에게는 다성으로 울리는 음향 그 자체가 성스러움과 감동이었던 것 같다.

## 2. 신예술의 모테트(14~15세기)

• 13세기까지의 모테트는 작곡법에 대한 규칙이나 형식이 없었다. 그러나 13세기 후반에 이르러 악곡의 모든 성부에 동일한 리듬 패턴(talea)을 반복하는 아이소리듬(Isorhythm) 모테트가 나타났다.

• '아이소리듬'이란 선율이나 노랫말의 변화와 관계없이 동일한 리듬 패턴을 여러 차례 반복하는 것을 말한다. 이러한 기법은 주로 테노르에 나타났으나 점차로 다른 성부에도 나타났다. 이와 같은 기법을 사용한 모테트를 아이소리듬 모테트라고 부른다. 아이소리듬 모테트는 14~15세기에 성행하였다.

• 14세기부터는 모든 성부의 노랫말이 하나로 통일되기 시작하였다. 이렇듯 14세기 이후의 모테트에는 아이소리듬이라는 형식이 나타났을 뿐 아니라 모든 성부의 노랫말이 하나로 통일됨으로써, 향후 감상자가 음악과 노랫말을 이해하고 음미할 수 있는 방향으로 나아가는 단초를 마련하였다.

• 시간이 지남에 따라서 각 성부의 선율이 각기 수평적으로만 달리던 것을 때로는 수직적으로 서로 어울리는 음들을 맞추는 등 화성적인 어울림에 대해서 관심을 가지기 시작하였다.

• 14~15세기의 대표적 모테트 작곡가
14세기: 비트리(Philippe de Vitry, 1291~1361), 마쇼(Guillaume de Machaut, 1300~1377)
15세기: 뒤파이(Guillaume Du Fay, 1400~1474), 오케겜[Johannes Ockeghem, 1420/1425(?)~1497]

뒤파이의 〈Nuper rosarum flores〉(1436)의 악보 및 연주

# 아이소리듬(Isorhythm) 모테트란

그리스어로 '동일한 리듬'이란 뜻이고, 14세기 모테트에 많이 쓰였던 작곡 기법이다. 작곡가가 어느 정도의 길이가 있는 리듬 패턴을 하나 만들어서 정선율(cantus firmus, 기본 성부) 역할을 하는 테노르 성부에서 악곡의 처음부터 끝까지 그 패턴을 지속적으로 반복하는 기법이다. 이런 성격의 리듬 패턴을 '탈레아(talea)'라고 부른다. 작곡가는 또한 어느 정도의 길이가 있는 선율 패턴을 고안하였다. 이 선율 패턴 역시 악곡의 시작부터 끝까지 반복한다. 이러한 성격의 선율 패턴을 '콜로르(color)'라고 부른다. 탈레아와 콜로르는 결합하여 나타나는데, 이 둘은 길이가 서로 다르기 때문에 감상자의 입장에서는 탈레아와 콜로르가 악곡 내내 각자 지속적으로 반복되고 있다는 것을 알아차리기 어렵다. 다음 악보는 콜로르가 탈레아보다 1.5배의 길이를 가지고 있는 아이소리듬의 한 예다.

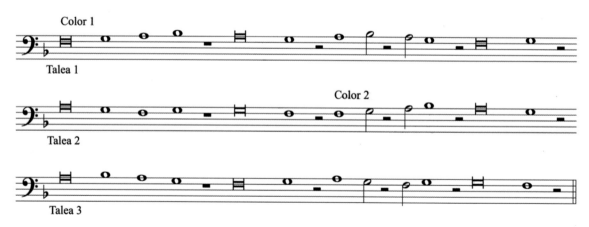

아이소리듬 모테트는 리듬 패턴 탈레아와 선율 패턴 콜로르가 결합되어 나타난다.

# 3. 후기 르네상스(16세기)의 모테트, 폴리포니 예술의 최고 전성기

- 16세기는 폴리포니 형태의 예술로서 모테트가 가장 성행하였던 시기다. 노랫말은 라틴어를 사용하였으며, 악기 반주 없이 아카펠라(a-cappella)로 노래하였다. 이는 모테트의 고유한 특징으로 오늘날까지 자리잡혀 있다.

- 작곡 기법으로는 모방대위법(imitative counterpoint)[1]이 성행하였다. 1500년경부터는 5~6성부의 모테트가 성행하였으며, 1550년경에는 8성부에서 12성부까지의 모테트를 즐겼다. 예외적인 경우이긴 하지만 성부의 수가 최다인 경우는 40성부의 모테트도 있다[토마스 탈리스(Thomas Tallis, 1505~1585)의 〈Spem in alium〉].

- 16세기의 대표적 모테트 작곡가로는 팔레스트리나(Giovanni Pierluigi da Palestrina, 1525~1594)와 라소(Orlando di Lasso, 1532~1594)를 들 수 있다.

팔레스트리나의 모테트 〈Viri Galilaei〉
악보 및 연주

라소의 모테트 〈Tristis est anima mea〉
악보 및 연주

---

1) 모방대위법은 여러 성부를 가진 음악일 때 어떤 한 성부에서 나온 주제를 다른 성부에서 그대로 모방하는 기법에 토대를 둔 대위법을 말한다. 모방대위법을 가장 엄격하게 실행한 기법은 카논이나 푸가다(p. 80 참조).

# 4. 바로크 시대 이후의 모테트(17~21세기)

모테트는 바로크 시대 이후부터 현재까지 기본적으로 다음과 같은 특징을 가지고 있다.

- 모테트의 노랫말은 원칙적으로 라틴어를 사용한다. 그러나 자국어를 사용할 때도 있다.

- 노랫말의 내용은 성경 말씀이나 종교적인 내용의 가사로 제한되어 있다.

- 다성악곡이며, 모방대위법으로 작곡되어 있다.

- 악기 반주 없이 다성으로 노래하는 것이 원칙이다(아카펠라). 단, 바로크 시대의 모테트에서 통주저음[2] 반주를 하는 것은 예외로 허용되었다.

- 르네상스나 바로크의 모테트는 성악 성부 중 하나 또는 두 성부를 악기로 대체하여 연주하는 경우가 있다. 예를 들어, 5성 모테트에서 그중의 한 성부나 두 성부를 악기로 대체하여 연주하는 경우다. 악기 소리가 들리므로 반주라고 오해하기 쉬우나, 성악 성부의 인성을 대신하여 악기로 연주하는 것이므로 반주가 아니다.

- 18세기부터는 교회음악이 교회의 울타리를 벗어나서 연회 등 사적인 장소에서 감상 목적으로도 흔히 연주되었다.

---

2) 통주저음: p. 93 참고.

이 시기에는 교회음악이 전반적으로 화려해지는 경향을 보인다. 모테트 작품들 역시 화려해진다. 프랑스의 륄리는 오케스트라 반주를 붙였으며, 부분적으로 솔로 파트를 넣어서 화려하게 꾸몄다.

• 독일의 쉬츠와 J. S. 바흐는 노랫말을 라틴어 대신 독일어로 부르게 하였다.

륄리의 모테트 〈Les Grands〉
'Jubilate Deo omnis terra', Grand Motet
LWV 77/16

쉬츠의 모테트
〈Lobe den Herren, meine Seele〉

J.S. 바흐의 모테트
〈예수는 나의 기쁨(Jesu, meine Freude),
BWV 227〉

• 19세기 낭만주의 시대의 모테트 작곡가들은 바흐의 모테트 전통을 우선시하였고, 그다음으로 쉬츠의 모테트를 모범으로 삼았다. 19세기 중반 이후부터는 17세기 초반의 모테트 작곡 기법에 관심을 기울였고, 20세기를 넘어가면서 14세기 아이소리듬 모테트를 본받기도 하였다. 이처럼 20세기 이후 현대 작곡가들은 바로크 이전의 모테트 기법에 관심을 기울이기도 하고, 무조성과 결합하기도 하고, 자신이 고안한 특유의 개인 기법을 적용하기도 하는 등 다양한 양상을 보인다.

19세기 멘델스존의 모테트
〈Trois motets Op. 69 No.1 – Herr, nun
lassest du deinen Diener in Frieden
fahren〉

20세기 뿔랭의 모테트
〈Quatre motets pour le temps de Noel〉

20세기 메시앙의 모테트
〈Messiaen – O Sacrum Convivium〉

# 3

## 15~16세기 기악 연주의 묘미,

## '즉흥 자유장식 연주'

I. 르네상스 시대의 악기 / II. 15~16세기 기악곡의 즉흥 자유장식 연주

① 류트와 비올라 다 감바 연주

② 플루트, 류트 반주의 성악 연주

③ 비올라 다 감바, 색벗, 류트, 플루트,
하프시코드(왼쪽부터 시계 방향으로)
편성의 앙상블

④ 숌, 색벗, 코르넷(앞 줄 왼편부터)을 연주하고 있으며,
뒷줄에 타보르(작은 북)와 파이프(작은 관악기), 리코더 연주자가 있다.

⑤ 하프시코드, 류트, 리코더, 비올라 다 감바 편성
(왼쪽부터 시계 방향으로)의 앙상블

49

# I. 르네상스 시대의 악기

- 중세 시대의 교회에서는 악기 연주를 금하였으므로, 주로 사적인 장소에서 춤이나 노래 반주로 사용되었던 것으로 추정된다. 중세 시대의 기악곡은 전해지는 악보가 거의 없다. 악보를 읽지 못하는 종글레르[jongleurs(떠돌이 연예인)] 등이 즉흥으로 세속곡을 연주하는 것을 수도사가 채보해 놓은 악보가 소수 내려오고 있을 뿐이다.

- 르네상스 시대에는 중세 시대로부터 내려오는 악기들도 있었고, 새로운 악기들도 다수 발명되었다.

- 르네상스 시대의 목관악기, 금관악기, 현악기는 앙상블 연주를 할 때 적합하도록 한 종류의 악기가 낮은음을 내는 악기부터 높은음을 내는 악기까지 3~4단계의 음역으로 하나의 가족을 형성하는 경우가 많아졌다. 예를 들면, 리코더 가족은 베이스, 테너, 알토, 소프라노 리코더의 4악기 구성이고, 비올라 다 감바 가족도 4악기 구성이다.

- 15~16세기부터는 신흥 부르주아 층이 음악 연주에 활발히 참여하기 시작하였다. 그 결과로 아마추어 연주자들이 기악곡 연주와 감상 활동에 즐겨 참가하게 되었고, 직업 연주자들의 활동 또한 활발해졌다.

- 르네상스 시대의 건반악기로는 오르간(organ), 클라비코드(clavichord), 하프시코드(harpsichord) 등이 있다. 현악기로는 류트(lute), 비올라 다 감바(viola da gamba, 무릎 사이에 악기를 끼고 연주하는 현악기), 하프(harp) 등이 있다. 관악기로는 리코더(recorder), 플루트(flute), 숌(shawm, 오보에의 전신), 색벗(sackbut, 트럼본의 전신), 코르넷[cornett, 또는 친크(zink), 목제나 상아로 만든 관악기] 등이 있다. 타악기로는 타보르(tabor) 등이 있다.

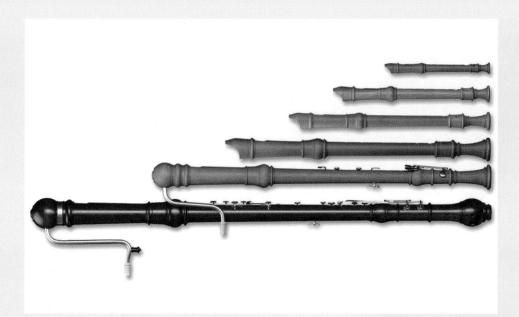

⑥ 리코더 가족. 크기가 클수록 낮은 소리를 낸다.

비올라 다 감바 가족. 크기가 클수록 낮은 소리를 낸다.
(16세기 영국 궁정 악사들)

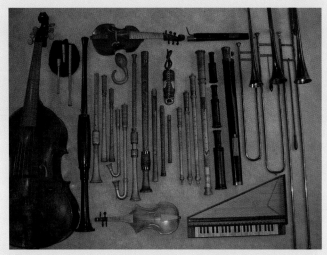

⑦ 르네상스의 악기들. 비올라 다 감바, 숌, 크럼호른, 리코더, 색벗 등이 각기 낮은 소리부터 높은 소리를 내는 가족을 이루고 있다.

 르네상스 시대의 악기  비올, 리코더, 건반악기(버지널), 류트 연주 모습

 르네상스 시대의 관악기 앙상블 연주 모습

 르네상스 시대의 현악기 앙상블 연주 모습

# 1. 르네상스 시대의 즉흥연주

- 르네상스 시대의 연주자는 연주 시에 즉흥연주를 가미하면서 연주하였다. 이 시대의 작곡가는 연주자가 즉흥연주 할 것을 예상하여 악보에 골격음만 써 넣는 경우가 일반적이었다. 그러므로 작곡과 즉흥연주가 거의 동등한 의미였 다고 해도 과언이 아니었다. 즉흥연주는 성악곡이나 기악곡에 모두 행해졌다.

- 당시의 즉흥연주는 구전되었다. 즉흥연주가 악보에 기보되어 있는 경우가 있으나, 그것은 예시 정도의 의미다.

- 15〜16세기의 즉흥연주 방법으로는 '자유장식 연주(free ornamentation)'가 성행하였다. 이탈리아에서부터 유 행하여 점차 전 유럽으로 퍼졌으므로 '이탈리아식 자유장식'이라고도 부른다.

- 솔로가 앙상블보다, 소프라노 성부가 하성부보다, 즐거운 음악이 슬픈 음악보다, 종지가 프레이즈 시작보다, 반복 할 때가 처음 연주보다 장식을 많이 붙인다.

# 2. 즉흥 '자유장식'의 기법, 디미누션

- 자유장식을 붙이는 핵심 기법은 '디미누션(diminution, 리듬 분할)'이다. 디미누션은 주어진 선율에서 시가가 긴 음표를 시가가 작은 음표로 분할하여 연주하는 기술이다. 오늘날의 변주 기법과 유사한 면이 있다.

- 16세기 악보 인쇄술의 발달과 더불어서 디미누션 방법에 대한 교본이 다수 출판되었다. 당시의 비르투오소들은 작곡가를 겸하고 있었으며, 15세기부터 행해졌던 디미누션 방법을 체계화하고 자신의 스타일을 개발하여 교본으로 출판하였다. 연주자들은 교본에 나와 있는 디미누션 방법들을 반복 연습하여 암기해 두고, 연주할 때 적합한 부분에 적절하게 응용하면서 연주하였다. 이 방면 주요 문헌의 저자로는 가나시(Silvestro di Ganassi, 1492~16세기 중반), 바사노(Giovanni Bassano, 1560/1561~1617)를 비롯해서 10여 명의 작곡가가 있었으며, 그들이 남긴 저서들은 오늘날까지 전해지면서 귀중한 자료가 되고 있다.

- 독창이나 독주일 때는 디미누션을 자유롭게 구사해도 제약이 없으나, 여러 사람이 합창이나 합주를 할 때는 즉흥연주가 서로 부딪치는 문제가 발생한다. 그러나 르네상스 시대에는 중창이나 중주를 하는 것이 일반적이어서 각 파트를 한 사람씩 맡았다. 만일에 2인 이상이 동일한 파트를 맡을 경우에는 한 사람씩 교대로 연주하였다고 한다. 그러므로 동일한 성부를 여러 사람이 동시에 즉흥 디미누션을 하여 혼란을 일으키는 경우는 없었다.

• 교본에 제시된 즉흥 자유장식의 예

가나시는 주어진 종지선율에 대해서 175개의 자유장식 방법을 제시하였다(이중 1번과 175번 악보 발췌).

장식 없는 악보

모든 성부가 장식된 악보

코랄(Tedeum laudamus)을 한스 부흐너(Hans Buchner, 1483~1538)가 자유장식을 붙여서
오르간곡으로 편곡한 것이다.

 16세기 민요 〈푸른 옷소매(Greensleeves)〉에
자유장식을 붙인 비올 연주

 16세기 류트 연주.
자유장식을 붙여 연주하는 부분을 즐길 수 있다.

# 4

# 16세기 아카펠라 중창곡의 유행,
# '마드리갈'

① 르네상스 시대의 이탈리아 귀족들은 여가에
삼삼오오 모여 마드리갈을 노래하였다.

② 귀족 또는 신흥 부르주아 계급은 전원에서 마드리갈을 즐겼다.

- 16세기 이탈리아에서 가장 성행하였던 세속 성악곡이다. 16세기 말에서 17세기 초에 전 유럽에서 유행하였다.

- 어원은 라틴어 'matricale('모국어로'란 뜻)'에서 온 것으로 추정되며, 모국어인 이탈리아어로 부르는 노래라는 뜻이다. 마드리갈은 르네상스 시대의 교회음악을 비롯하여 대부분의 성악곡이 라틴어 노랫말로 되어 있는 것과 대조된다.

- 16세기 인쇄술의 발달로 마드리갈 악보집이 출판되었고, 대단한 판매 부수를 기록하였다.

- 이탈리아의 귀족들이 여가에 즐겨 불렀다고 하며, 시간이 지남에 따라 높은 연주 기술이 요구되는 곡은 전문 성악인이 연주하였다.

- 초기에는 다성으로 부르는 아카펠라 중창곡이었으나(4~6성부), 악기 반주를 곁들인 독창곡 형태도 있다.

- 노랫말은 대부분 사랑, 계절 예찬 등의 세속적인 내용이며, 형식은 일반적으로 자유롭다. 1절, 2절, 3절 등 각 절을 제각기 다른 멜로디로 노래하는 '통작 형식(through-composed song)'으로 작곡되었다.

- 노랫말에 나오는 단어의 뜻을 음으로 그리는 '가사그리기(word-painting) 기법'을 도입하여 음악적 표현을 높은 수준으로 끌어올렸다. 예를 들어, 노랫말에 '하늘과 땅'이라는 내용이 나왔다면 '하늘'은 음이 높고 '땅'은 음이 낮은 위치다.

- 노랫말의 감정이 잘 표현될 수 있도록 새로운 연주 기법을 사용하기 시작하였다. 예를 들면, 반음계 기법이나 트레몰로, 피치카토 등이다.

- 마드리갈은 칸타타나 오라토리오 등의 교회음악에 영향을 끼쳤고, 17세기 오페라의 탄생에도 영향을 끼쳤다.

- 대표적 이탈리아 마드리갈 작곡가로 아르카델트(Jacques Arcadelt, c.1504~1568), 로레(Cipriano de Rore, 1565 사망), 안드레아 가브리엘리(Andrea Gabrieli, 1532/1533~1585), 마렌치오(Luca Marenzio, 1553/1554~1599)), 제수알도(Don Carlo Gesualdo, 1566~1613), 몬테베르디(Claudio Monteverdi, 1567~1643) 등을 들 수 있다.

마렌치오의 마드리갈 〈성모님, 저녁에도 자비를 베푸소서
Madonna, sua merce, pur una sera〉

몬테베르디의 마드리갈
〈비정한 아마릴리, Cruda Amarilli〉

# II. 오늘날에도 즐겨 노래하는 영국 마드리갈

- 1588년경부터 1627년경까지 대략 40년간의 짧은 기간이었지만 영국에서도 강렬한 꽃을 피웠다. 아카펠라로 부르는 3~6성의 중창곡 형태다.

- 엘리자베스 1세의 궁정 음악가로 근무하였던 이탈리아인 작곡가 페라보스코(Alfonso Ferrabosco, 1543~1588)가 이탈리아 마드리갈을 영국에 소개하여 현지 작곡가들에게 영감을 주었다.

- 영국의 가수이자 출판인인 영(Nicholas Young, 1560~1619)이 마드리갈 악보집『무지카 트란살피나(Musica transalpina, 1588)』를 출판하여 영국에서 마드리갈의 전성시대를 열었다. 작곡가 18명의 마드리갈 작품 57곡이 수록되어 있다. 작품의 내용은 이탈리아 마드리갈을 영어로 번역한 형태가 대부분이었으며, 이탈리아 마드리갈 작곡가 페라보스코와 마렌치오(Luca Marenzio, 1553 또는 1554~1599)의 작품이 가장 많이 수록되었다. 영은 마드리갈의 인기에 힘입어서 1597년에 트란살피나 제2권을 출판하였다.

- 영국의 마드리갈 작곡가들은 영국적 마드리갈 스타일을 구축하는 데 성공하였다. 토마스 몰리(Thomas Morley, 1557~1602), 토마스 윌키스(Thomas Weelkes, 1576~1623), 토마스 톰킨스(Thomas Tomkins, 1572~1656)), 존 다울란드(John Dowland, 1563~1626), 존 윌비(John Wilbye, 1574~1638) 등을 위시하여 수십 명의 마드리갈 작곡가가 유명세를 떨쳤다.

- 마드리갈은 경쾌하고 쾌활한 분위기의 사랑노래나 계절을 읊은 노래가 대부분이지만, 멜랑콜리한 느낌의 곡도 있다. 즐겁고 가벼운 곡에서는 흔히 '화라라라(fa la la la)'라는 후렴구가 붙기도 한다.

• 영국 마드리갈은 21세기 현재도 아마추어나 직업 중창단이 즐겨 부른다.

 토마스 몰리의
⟨Sing we and chant it⟩

 존 다울란드의
⟨Come again⟩

 오를란도 기븐즈의
⟨The silber swan⟩

③ 영국의 세계적인 남성 아카펠라 중창단 '킹즈 싱어즈(King's Singers)'는 영국 마드리갈 앨범을 여러 장 발표하였다.

④ 킹즈 싱어즈의 영국 마드리갈 앨범 중 하나

제2부

# 바로크 시대

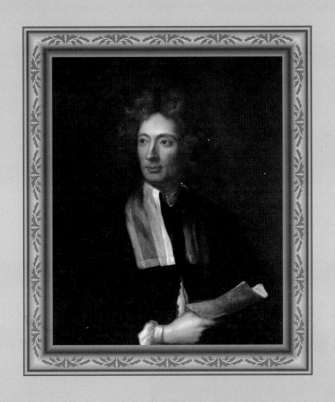

5

# 바로크 소나타, 고귀한 품격

① 바로크 시대의 오케스트라 연주 장면. 16세기 말에 나타난 초기 형태의
소나타는 소규모 오케스트라를 위한 곡들로 18세기 후반 고전시대에 나타나는
소나타 고유의 형식을 갖추고 있지 않았다.

# I. 소나타의 기원

- 소나타(sonata)의 어원은 라틴어와 이탈리아어로 '(악기 소리가) 울리다'라는 뜻의 '소나레(sonare)'에서 기원한다. 칸타타(cantata, 성악곡)나 발라타(balata, 댄스곡)와 대비되는 의미다.

- 소나타라고 불리는 악곡은 바로크로 향하는 16세기 후반경부터 나타났다. 초기 소나타는 단순히 기악곡이라는 의미일 뿐, 소나타라는 장르를 특징 지을 만한 형식은 갖추어져 있지 않았다. 당시에는 3중주 이상부터 오케스트라로 연주하는 악곡까지 소나타라고 칭하였다.

- 대표적인 작곡가로는 안드레아 가브리엘리(Andrea Gabrieli, 1533~1585)와 지오반니 가브리엘리[Giovanni Gabrieli, 1555(?)~1612]가 있다.

지오반니 가브리엘리의
〈작고 큰(음향의) 소나타(Sonata Pian e Forte)〉

## 1. 바로크 소나타의 두 가지 스타일
## '소나타 다 카메라'와 '소나타 다 키에사'

---

- 17세기 끝 무렵부터 소나타는 여러 악장을 가진 특정한 형태의 다악장 기악곡을 뜻하는 용어로 자리매김하였다. 코렐리(Arcangelo Corelli, 1653~1713)는 소나타를 '소나타 다 카메라'와 '소타나 다 키에사'의 두 가지 스타일로 표준화하였다.

  ① 소나타 다 카메라(Sonata da camera) : 실내 소나타란 뜻이다. 궁정에서 연주하는 댄스곡들인 알레망드 쿠랑드 등을 모아서 연주하였다.

  ② 소나타 다 키에사(Sonata da chiesa) : 교회 소나타란 뜻이고, 교회에서 사용되었다. 4악장 구성이다. 연주 속도 는 '느림-빠름-느림-빠름'으로, 느리고 빠른 악장을 교대로 연주한다. 소나타 다 키에사는 '절대음악(absolute music)'[1]의 모범으로서, 18세기 후반 고전시대로 이어지면서 현재 우리에게 친숙한 소나타로 변화되었다.

---

1) 절대음악이란 댄스 등의 실용적인 목적 또는 사물이나 감정을 음악으로 묘사하고자 하는 등 음악 외적인 기타 다른 것과 관계하지 않는 음악을 말한다. 오로지 순수하게 음악의 흐름 그 자체를 음미하기 위한 음악이다.

## 2. 바로크 시대의 최고 인기 실내악 장르 '트리오 소나타'

- 트리오 소나타(trio sonata)는 17세기 초반경부터 연주되기 시작했으며, 바로크 시대에 가장 인기 있었던 실내악 악기 편성이다.

- 트리오 소나타의 트리오는 악기 3대를 의미하는 것이 아니라, 성부가 3개라는 뜻이다. 선율악기로는 두 대의 고음 악기와 한 대의 저음악기가 연주하였고, 여기에 통주저음[2] 연주를 위한 건반악기 한 대가 첨가되므로 연주자는 통상적으로 4인이다.

- 2개의 고음 성부에서 가장 즐겨 쓰였던 악기는 바이올린이었다. 그밖에 플루트, 리코더, 오보에, 소프라노 비올라 다 감바 등으로도 연주하였다.

- 저음 성부는 일반적으로 첼로, 베이스 비올, 비올로네(콘트라베이스와 유사), 바순 등이 선율적 베이스를 담당하고, 화성적 베이스는 주로 건반악기인 하프시코드로 통주저음을 연주한다. 통주저음은 하프시코드 대신에 화음 연주가 가능한 류트나 테오르바로도 연주할 수도 있다.

---

2) p. 93 참고.

• 소나타 다 카메라와 소나타 다 키에사는 주로 트리오 소나타 편성으로 작곡되었다.

• 트리오 소나타의 가장 대표적인 작곡가로는 코렐리와 J.S. 바흐를 들 수 있다.

② 44세의 코렐리

③ 트리오 소나타를 연주하는 모습

 코렐리의 트리오 소나타
〈소나타 다 카메라 G장조, Op. 2, No.12 'Ciaccona'〉
〈Trio Sonata da Camera in G, Op. 2, No.12 'Ciaccona'〉

 코렐리의 트리오 소나타(악보와 함께)
〈소나타 다 키에사, Op. 3〉
〈12 Trio Sonatas / Sonata da chiesa Op.3〉

6

# J. S. 바흐는 왜 위대한가

# 바흐(Johann Sebastian Bach, 1685~1750, 후기 바로크 시대 활동)

① 오르간 연주를 하는 40세의 바흐

② 바흐의 친필 악보

# 1. 독일 음악계의 명문가에서 태어나다

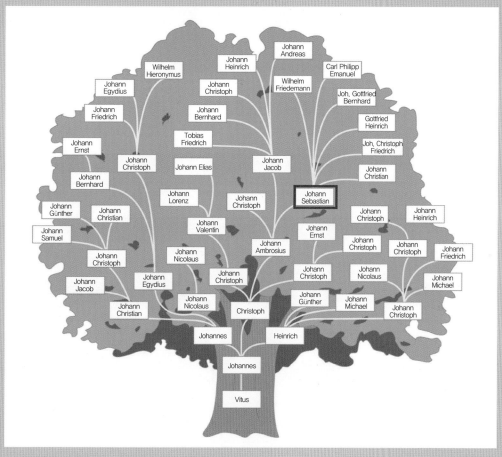

③ 200년 동안 50명 이상의 음악가를 배출한 바흐 가문 트리

# 2. 모범적인 가정을 꾸리다

- 모범적이고 화목한 가정을 꾸렸다.

- 20명의 자녀를 낳아 10명만 생존하였다.
  [첫 번째 부인 사별(자녀 7명 중 4명 생존), 두 번째 부인(소프라노 가수, 바흐의 제자, 자녀 13명 중 6명 생존)]

- 바흐는 자녀들에게 작곡법과 악기 연주를 직접 가르쳤으며, 그의 아들 중에서 4명이 음악사에 족적을 남기는 큰 음악가로 성장하였다.

④ 바흐 가족의 단란한 한때(19세기 화가가 그린 상상화)

# 3. 부인은 모범적인 현모양처였다

- 맑고 아름다운 목소리의 소유자였다.

- 바흐의 악보 정리 및 사보를 도맡아 하였다.

- 가정 음악회 때 노래하였다.

- 〈마태 수난곡〉(1727)의 초연 때 연주한 듯하다.

- 바흐는 부인 안나에게 감사하며, 자신의 작품과 당시에 유행하던 곡들을 모은
  『안나 막달레나를 위한 소곡집』(1725)을 헌정하였다.

바흐의 후처(後妻), 소프라노 가수
안나 막달레나(Anna Magdalena, 1701~1760)

## 4. 바흐는 자녀들에게 음악을 직접 가르쳤고, 그중 4명의 아들이 음악사에 족적을 남겼다

아버지 요한 세바스티안 (Johann Sebastian Bach, 1685~1750)

둘째 아들 칼 필립 엠마누엘(Carl Phillip Emmanuel Bach, 1714~1788)

막내아들 요한 크리스티안 (Johann Christian Bach, 1735~1782)

맏아들 빌헬름 프리데만 (Wilhelm Friedemann Bach, 1710~1784)

요한 크리스토프 프리드 리히(Johann Christoph Friedrich Bach, 1732~ 1795)

# 5. 시대를 초월한 가장 영향력 있는 작곡가다

---

> - 바로크 양식의 종합자이자 완성자[대위법(contrapunctus)과 푸가(fuga)의 최고 권위자]
> - 프랑스 및 이탈리아 갈랑 양식 흡수 및 발전(작품의 다양성과 깊이 있는 표현력)
> - 역사상 가장 위대한 교회음악 작곡가

- 바흐는 당시에 그리 유명한 음악가는 아니었고, 그가 사망한 후에도 거의 반세기 동안 전혀 연주되지 않았다.

- 1790년대부터 바흐에 대하여 연구하는 음악가가 극소수 나타나기 시작하였고, 드디어 멘델스존(Jakob Ludwig Felix Mendelssohn-Bartholdy, 1809~1847)이 1827년에 바흐의 〈마태 수난곡〉(1727)을 자신의 지휘로 연주한 후부터 '바흐의 르네상스'가 시작되었다.

젊은 시절의 바흐

- 바흐는 19세기 초반부터 21세기인 현재까지 세계적으로 가장 존경받는 음악가다. 그의 작품들은 클래식 음악회의 중심 레퍼토리다. 또한 고전주의 시대의 모차르트(Wolfgang Amadeus Mozart, 1756~1791)부터 21세기 현재까지 수많은 작곡가가 바흐의 작품을 편곡하여 발표하였다. 그중에는 구노(Charles-François Gounod, 1818~1893)의 〈아베 마리아〉나 빌헬미(August Wilhelmj, 1845~1908) 편곡의 〈G선상의 아리아〉와 같은 대단히 유명한 작품들이 많다.

- 바흐의 작품은 20세기부터 매스컴의 시그널 음악, 영화나 TV드라마의 배경음악으로 쓰이는 빈도가 클래식 음악 중 가장 높은 편에 속한다.

- 바흐에 대한 현세대의 평가는, 『뉴욕 타임즈』가 2주 동안 여론조사를 실시하고 발표한 '모든 시대를 아우르는 가장 위대한 작곡가 10명'에서 1위를 차지한 것에서도 드러난다(2012년 2월 2일).

## 1) 바흐는 바로크 음악 양식을 완성하였으며 최고의 경지로 이끌었다

① 대위법[contrapunctus(라틴), counterpoint(영)]과 푸가[fuga(이), fugue(영)]는 바로크 전 시대를 대표하는 작곡 기법이다.

② 바흐는 대위법과 푸가의 최고 권위자다. 현재까지 모든 음악인은 그의 대위법과 푸가 기법을 모범으로 삼아 공부하고 있다.

# Contrapunetus 1

바흐의 〈푸가의 기법〉 악보의 일부분

# 바로크의 폴리포니, 대위법, 카논과 푸가

19세기 쇼팽의 음악은 처음 듣는 순간부터 선율이 귀에 쏙 들어오면서 마음을 촉촉하게 적신다. 작곡가가 무엇을 말하려는지 곧바로 알아차릴 수 있다. 이러한 음악은 호모포니(homophony, 화성음악)로, 주선율이 하나이고 나머지 다른 성부들은 화음으로 받쳐 주는 수직적인 구조다.

반면에 바로크의 폴리포니(polyphony, 다성음악)는 주선율이 각 성부에서 대선율과 함께 등장하며 각기 자신의 목소리를 낸다. 각 성부는 원칙적으로 독립성을 가지고 있으면서, 그와 동시에 일정한 규칙에 의해서 서로 결합하거나 조화를 이루기도 한다. 이러한 작곡 기법을 '대위법'이라고 한다. 폴리포니는 이렇듯 평등한 권리를 가진 여러 개의 선율이 수평적으로 달리기 때문에 중요한 선율이 하나 있는 화성적인 구조보다 선율 파악이 쉽지 않아서 어렵게 느껴지기도 한다. 폴리포니의 대표적인 형식으로 '카논(canon)'과 '푸가(fugue)'가 있다.

### ① 카논(Canon)
폴리포니 음악 중에서 가장 단순한 형태로, 푸가의 모체다. 동일한 선율을 각 성부가 시차를 두고 이어서 부르는 돌림노래 형태를 말한다. 카논은 다른 성부가 따라 나올 때 동일한 선율을 그대로 앞에서부터 읽기도 하지만, 선율의 끝에서부터 거꾸로 읽는 방법(역행) 등 여러 가지 방법이 있다.

파헬벨(Johann Pachelbel, 1653~1706)의 〈카논(Canon and Gigue for 3 violins and basso continuo)〉(1680~1706) 악보: 곡을 마칠 때까지 두 마디 단위로 계속하여 반복하는 베이스(basso ostinato, ground bass) 위에 3대의 바이올린이 3성 카논을 연주한다. 카논의 테마는 총 56마디를 두 마디 단위로 28번 변주된다고 볼 수도 있고, 또는 대부분 4마디 단위로 나뉘어서 12번 변주된다고 볼 수도 있다.

 파헬벨의 〈카논〉 연주

 파헬벨의 〈카논〉 악보 보면서 음악 감상

## ② 푸가(Fuge)

푸가는 바흐 시대에 가장 인기 있었던 폴리포니 형식이고, 바흐는 푸가의 대가다. 푸가도 카논처럼 기준이 되는 주제를 다른 성부에서 모방하는 방법을 원칙으로 한다. 한 성부에서 주제를 연주하면 두 번째 성부가 5도 음정 위에서 그 주제를 그대로 받아서 연주한다. 이때, 첫 번째 성부는 두 번째 성부가 주제를 연주하는 동안 대위법의 특정한 규칙에 의거해서 대선율을 연주한다. 이와 동일한 방식으로 세 번째, 네 번째 성부도 계속한다. 푸가는 대개 4성부 구성이다. 푸가를 작곡할 때는 기본적으로 규칙을 지키기 위한 수학적 계산이 많이 필요함에도 불구하고, 바로크 시대의 음악가들은 푸가에 숙달되어 있어서 즉흥연주까지도 능숙하게 하였다.

 바흐의 푸가 기법을 그래픽 악보로 보면서 들으면 쉽게 이해할 수 있다.
〈작은 푸가 G단조(Little Fugue, Fugue in G minor) BWV 578〉(1703~1707)

**2) 신식 음악인 프랑스 클라브생 악파의 로코코(갈랑) 양식을 받아들여서, 쳄발로 음악의 걸작들을 탄생시켰다**

① 바흐는 프랑스에서 유행하던 로코코(rococo) 양식인 쿠프랭(François Couperin, 1668~1733), 라모(Jean-Philippe Rameau, 1683~1764) 등의 클라브생 음악 양식의 영향을 받아 건반 음악들을 작곡하였다. 프랑스 클라브생 악파들이 최초로 고안해 낸 장식음의 기호와 연주법을 바흐는 받아들였으며, 장식음 외에도 '사랑스럽고 우아하다' '듣기 편안하다' 등의 로코코 특성을 가져왔다.

② 바흐의 건반악기 작품들은 프랑스 클라브생 악파의 음악들과 확연히 구별되는 독창성을 발휘하고 있다. 예를 들면, 프랑스 클라브생 악파들은 장식음을 소리 모방(tone painting)에 즐겨 이용하였으나, 바흐는 악곡의 구조 속에 감정의 표현으로서 녹아들게 하였다(선율을 아름답게 장식하고, 예기치 않은 불협화음을 순간적으로 야기함으로써 감정을 일깨운다).

〈프랑스 조곡 No. 5 G장조 BWV 816〉(1722~1724)

# 바로크, 로코코의 악기 쳄발로

⑤ 쳄발로

쳄발로(이탈리아어, cembalo), 클라브생(프랑스어, clavecin), 하프시코드(영어, harpsichord)는 모두 동일한 건반악기의 다른 이름이다. 같은 종류의 소형 악기로 스피넷(spinet)이 있다.

르네상스 시대부터 바흐 시대까지 전성기를 이루었다. 특히 바로크 시대에는 반주로서 통주저음 악기로 널리 연주되었고, 독주 악기로도 사용되었다.

피아노처럼 현을 작은 망치(해머)로 때리는 방법으로 소리를 내지 않고, 일종의 피크로 현을 퉁겨서 소리를 낸다. 손가락 힘에 따른 강약의 구별은 잘 드러나지 않는다.

18세기 후반부터는 피아노에 자리를 내어 주었다. 그러나 20세기부터는 옛 작품을 재현하거나 새로운 쳄발로 작품들이 창작되어 다시 활발히 연주되고 있다.

악기 쳄발로의 메카닉

# 로코코(갈랑) 양식

로코코(rococo) 또는 갈랑(galant) 양식은 18세기 프랑스에서 발생한 방식이다. 바로크와 고전주의라는 거대한 양대 산맥 사이에 잠시 끼어 있던 작은 존재이기는 하지만, 예술사에서 로코코가 차지하는 무게는 그리 가볍지 않다. 로코코는 예술의 향유 계층이 왕궁, 교회, 귀족으로부터 부르주아 시민, 즉 대중으로 넘어가는 중대한 전환점이 된 예술 사조다. 귀족 취향 중심의 보편적인 형식과 권위가 근본을 이루던 바로크 예술과 다른 방향으로서, 자연스럽게 피어 오르는 개인적인 감정이 존중되어 개인의 독창성이 예술 창작의 가장 중요한 키워드로 떠오르는 예술로 변화된다. 음악사에서는 이 시기를 전고전주의(Pre-Classic)라고 부르기도 한다.

로코코(갈랑, 전고전주의) 양식에 나타나는 대표적 특징으로는, 우선 음악 구조가 대위법에서 화성법으로 넘어가고 있음으로써 음악을 이해하기 쉬워졌다는 점이다. 선율 면에서 볼 때는 프랑스풍 장식음과 이탈리아풍의 칸타빌레적인 선율의 유행을 들 수 있다.

〈바로크 양식과 로코코(갈랑) 양식의 다른 점〉

| | 바로크 양식 | 로코코(갈랑) 양식 |
|---|---|---|
| 어원 | 일그러진 모양의 진주(baroque, 바로크, 못난이 진주) | 조개껍질이나 조약돌로 만든 장식(rocaille, 로카유) |
| 시기 | 1600~1750 | 1700~1770 |
| 근원지 | 이탈리아 | 프랑스 |
| 키워드 | 남성적, 육중, 장대, 웅장, 역동적, 극적인 표현 | 여성적, 섬세, 장식적, 정교, 우아, 사랑스러움 |
| 예술의 후원자 | 교회, 절대군주, 귀족 | 계몽군주와 귀족, 중산층 시민계급 |
| 예술의 제작 | 합리적이고 보편적인 양식 선호 | 예술가의 개성과 독창성을 중시 |
| 예술 속의 감정 | 인간이 느끼는 감정의 유형을 합리적이고 보편적인 방법을 통해 묘사 | 개인의 주관적인 희로애락의 표현 |
| 색채 | 빛과 어둠의 극적인 대조 | 분홍색, 장미색, 연녹색 |
| 대표적 음악장르 | 이탈리아의 오페라, 독일의 교회음악 | 프랑스 클라브생 악파의 장식음이 많은 소품들, 정감 있는 칸타빌레 스타일의 유형 |

* 로코코와 갈랑은 동의어로 쓰인다.

⑥ 〈바로크 시대의 산책하는 부부〉
곤잘레스 코크(Gonzales Coques, 1614~1684) 작품
바로크 시대의 귀족들은 일상생활에서도 격식이 있는 매우 호화로운 복장을 하였다. 부부가 공원을 산책하는 모습이다.

⑦ 〈로코코 시대의 남녀〉
와토(Jean-Antoine Watteau, 1684~1721) 작품
자연을 배경으로 데이트하는 남녀 사이에 흐르는 감정이 자연스럽게 묘사되어 있다. 격식을 차리는 바로크 시대의 산책하는 부부(왼쪽 그림)와 복장, 자세, 표정 등에서 많은 차이를 보인다.

# ① 장식음(Ornament, 꾸밈음) - 로코코 음악에서 활짝 꽃핌

바흐 시대에는 선율에 장식음을 달아서 꾸며 줌으로써 기존 선율을 더 아름답고 매력적으로 들리도록 연주하는 것이 유행이었다. 장식음은 악보에 작은 음표나 특수 기호로 표시되었으나, 18세기의 악보에는 장식음 표시가 생략된 경우도 흔하다.

장식음의 발생은 프랑스 클라브생 악파의 쿠프랭과 라모 등으로부터다. 장식음 연주는 17세기 후반부터 시작되어, 18세기 중반의 로코코 시대가 전성기다. 고전주의 시대부터는 축소·정리되었으나, 19세기 중반 쇼팽의 음악까지도 중요한 역할을 한다.

장식음은 음식에 넣는 양념이나 여성의 장신구와 같다. 과하면 안 되나 적절한 양을 재치 있게 적시적소에 살짝 가미하는 것이 중요하다. 장식음은 연주 기술을 돋보이게 하며, 음악에 생기를 더하고, 때로는 특정한 감정을 강조하고 북돋운다.

바흐가 첫째 아들을 가르치기 위해서 〈빌헬름 프리데만 바흐를 위한 클라비어 소곡집〉(1720)의 앞머리에 친필로 메모한 도표다. 프랑스 클라브생 악파의 장식음 도표를 그대로 차용하였다.

## ② 칸타빌레(Cantabile)

칸타빌레는 18세기에 들어서면서부터 새로이 유행을 타기 시작하였다. 악기를 연주할 때 마치 사람이 노래하는 것처럼 선율을 부드럽고 진정성 있게 연주하는 것을 가리키는 말이다. 느린 템포(adagio, 아다지오)에 도약이 별로 없는 순한 진행의 선율 그리고 음과 음을 부드럽게 이어서 연주하는 스타일(legato, 레가토)이 특징이다.

칸타빌레 스타일의 선율은 18세기 초반부터 이탈리아풍 기악 콘체르토에 활용되었다. 콘체르토는 솔로 악기가 선율부를 맡아서 주역을 하고, 오케스트라는 반주를 해 주는 형식으로 구성되어 있다. 칸타빌레 스타일은 이탈리아에서 시작되어 곧바로 유럽 전역으로 퍼졌다.

## 3) 신식 음악, 이탈리아풍 콘체르토 양식을 받아들였다

- 바흐는 이탈리아 콘체르토의 대가들인 코렐리(Arcangelo Corelli, 1653~1713), 비발디(Antonio Lucio Vivaldi, 1678~1741), 알비노니(Tomaso Albinoni, 1671~1751)의 콘체르토 작곡 기법을 연구하여, 콘체르토 그로소 (concerto grosso, 합주 협주곡) 및 쳄발로, 바이올린, 오보에 등을 위한 솔로 콘체르토를 남겼다.

- 바흐 콘체르토의 1악장과 3악장은 경쾌하고 활기찬 리듬감으로 바로크 특유의 씩씩함을 보이고, 2악장은 가슴을 울리는 칸타빌레풍의 감정이 풍부한 깊은 표현이 특징이다.

- 특별히 유명한 바흐의 콘체르토 작품들

바로크 협주곡의 최고 걸작인
〈브란덴부르크 협주곡 No. 3, G장조 BMW 1048〉(1721)

〈두 개의 바이올린을 위한 협주곡, D단조
BWV 1043〉(1717~1723)

〈쳄발로 협주곡 D단조 BWV 1052〉(1738)

# 바로크 시대의  이탈리아풍 콘체르토(Concerto)

콘체르토의 어원은 이탈리아어 '협력하다(concertare)'에서 왔다. 솔리스트와 오케스트라가 서로 음량, 음색, 연주 기술 등을 대조시키는 가운데, 때로는 서로  대화를 주고받거나 합주한다. 콘체르토에는 바로크 시대에 가장 사랑받던 형식인 '콘체르토 그로소(concerto grosso)'와 모차르트 시대부터 크게 부각되어 현재까지 사랑받는 형식인 '솔로 콘체르토(solo concerto)'가 있다.

**① 콘체르토 그로소는 솔리스트 몇 명으로 구성된 작은 그룹과 큰 그룹인 오케스트라가 협연하는 스타일이다**

콘체르토 그로소는 이탈리아어로 '대규모 앙상블'이란 뜻이다. 2~3개의 솔로 악기로 구성된 작은 그룹(concertino, 콘체르티노)과 큰 그룹의 오케스트라(tutti, 뚜띠)가 서로 주고받으며 연주한다. 그러나 바흐의 시대는 오케스트라의 규모가 작으므로, 작은 그룹과 큰 그룹이 숫자적으로 큰 차이가 없다(예를 들면, 2~4:6). 또한 두 그룹 사이의 연주 내용이나 기술 면의 대조 역시 크지 않을 뿐만 아니라 동등한 위치에 앉거나 서 있는 경우도 흔해서, 어느 그룹이 연주하는지 알아차리기 힘든 경우도 많다. 주로 현악기를 위해서 작곡되지만 소수의 관악기가 첨가되기도 한다. 쳄발로는 통주저음을 연주하여 화음을 채워 준다. 작은 그룹은, 예를 들면 바이올린과 플루트, 오보에와 첼로 같이 2개의 악기 또는 3개의 악기로 구성한다. 콘체르토 그로소는 코렐리, 비발디 등 이탈리아 작곡가들이 크게 선풍을 일으켜 전 유럽으로 퍼져 나갔다.

콘체르토 그로소는 바흐 시대인 18세기 초반부터 급부상한 장르다. 그리고 이 시대에 새로 유행하기 시작한 갈랑적인 요소, 즉 풍부한 감정을 실은 이탈리아풍 선율인 칸타빌레 스타일과 화성적인 구조를 크게 반영한 대위법이란 점에서 정통 바로크 양식이라기보다는 갈랑 양식 쪽에 더 가깝다. 이탈리아풍 콘체르토는 갈랑 양식의 원조인 프랑스풍과는 조금 다른 방향인 '이탈리아풍 갈랑 양식'이라고 볼 수 있다.

## ② 솔로 콘체르토는 솔리스트 한 명과 오케스트라가 협연하는 스타일이다

솔로 콘체르토는 한 명의 비르투오소적인 역량을 가진 솔리스트가 자신의 기량을 마음껏 펼치는 가운데 오케스트라와 협연하는 형태이며, 오케스트라는 거의 반주 역할에 머문다. 솔로 악기로는 피아노, 바이올린, 첼로가 가장 선호된다. 솔로 콘체르토는 특히 모차르트 시대부터 19세기를 넘어서 오늘날까지 가장 인기 있는 클래식 장르 중의 하나이며, 콘체르토 장르를 대표한다.

⑧ 바로크 시대 오케스트라가 합주하는 모습

통주저음을 연주하는 쳄발로 연주자는 중앙에서 지휘자 역할을 한다.
선율악기 연주자들은 쳄발로 연주자를 잘 볼 수 있도록 쳄발로 주위에 둘러서서 연주한다.
선율악기의 종류나 숫자는 사정에 따라 달라질 수 있다.

# 통주저음 – 바로크 음악의 기본 반주법

통주저음[Generalbass-Spiel(독), basso continuo(이), figured bass(영)]은 일종의 화음 코드 반주법이다. 숫자저음이라고도 부르며, 일종의 속기술이라고 하겠다. 바로크 음악의 작곡가들은 반주부의 화음을 일일이 다 채워서 적어 주지 않고, 저성부에 베이스 선율만 제시하였다. 이 베이스 선율 밑에는 화성 진행을 안내하는 숫자가 적혀 있어서, 쳄발로나 오르간 반주자가 즉흥적으로 적합한 코드를 찾아 연주하는 데에 도움을 준다.

바로크 시대에는 성악 작품이든 기악 작품이든 모든 음악에 통주저음 반주가 들어간다. 그래서 바로크를 '통주저음의 시대'라고 부른다. 통주저음은 주로 쳄발로나 오르간을 사용하였고, 그 밖에 류트 또는 저음역을 내는 첼로나 바순 등이 사용되었다. 바로크 음악은 각 성부가 서로 독립성을 가진 선율들이 대위법적으로 진행되는 가운데, 통주저음 반주가 음악을 화성적으로 안정감 있게 받쳐 준다. 그러나 고전주의 시대부터는 음악의 기본 구조가 호모포니이기 때문에 굳이 통주저음 반주의 역할이 필요하지 않으므로 통주저음은 사라지게 된다.

바흐의 칸타타 〈깨어나라 부르는 소리 있어(Wachet auf ruft uns die Stimme) BWV 140〉 중에서 통주저음 예제 악보로, 바순이 연주하는 베이스 선율 밑에 화성 진행을 숫자로 안내하고 있다.

# 바흐 시대의 오케스트라

플루트  오보에  트럼펫  더블 베이스  바이올린  챔발로  비올라  첼로

바로크 시대의 오케스트라는 10~30명의 연주자로 구성되었다. 악기의 종류나 악기의 숫자가 아직 표준화되어 있지 않았으므로, 지역에 따라서 큰 차이를 보인다. 작은 오케스트라는 악기 한 대씩으로 구성되었고, 규모가 커지면 악기를 두 대 이상으로 추가하였다.

바로크 시대는 표준화된 오케스트라 편성이 없었다. 반주를 맡은 통주저음 악기 연주자가 지휘자 역할을 하고, 선율악기 연주자들은 그때 그때 필요와 사정에 따라 모여서 합주하였다. 이 시대의 기악 연주자들은 자신의 주 전공 악기 외에도 몇 가지 악기를 전문적으로 더 다룰 수 있었다.

선율악기로는 바이올린, 첼로, 류트, 트럼펫, 호른, 바순이 가장 많이 연주되었다. 특히 바이올린은 '악기의 여왕'이라고 불렸으며, 음악가뿐만 아니라 귀족과 사제들이 명품 악기를 기꺼이 고가에 주문하여 연주하였다. 크레모나의 아마티(Niccolo Amati, 1596~1684), 스트라디바리(Antonio Stradivari, 1644~1737), 과리네리(Juseppe Bartolomeo Guarneri, 1698~1744)는 바이올린 및 비올라, 첼로 등 불후의 명품 현악기를 가내 수공업으로 제작하여 오늘날까지 그 명성을 떨치고 있다.

4) 바흐는 역사상 가장 위대한 교회음악 작곡가다. 교회음악 모든 장르에 걸쳐서 바흐 이전에도
   이후에도 찾아보기 어려운 최고의 걸작들을 남겼다

⑨ 라이프치히의 성 토마스 교회

바흐가 27년 동안(1723~1750) 봉직하였고,
1950년부터 바흐의 유해가 안치되어 있다.
마틴 루서가 1539년에 성령강림절 설교를 했던 유서 깊은 교회다.

⑩ 토마스 교회의 스테인드글라스에
새겨진 바흐의 모습

## ① 바흐는 왜 최고의 교회음악 작곡가일까

• 첫째, 바흐의 깊은 신앙심이 작품 활동의 원동력이 되었다.

바흐의 교회음악 작품에는 그의 독실한 신앙심 그리고 성경 말씀과 기독교 교리에 대한 그의 깊은 이해가 녹아 있다. 성경 말씀과 기독교 교리는 그의 교회음악을 통하여 그 뜻이 살아 나와서 듣는 이들에게 벅찬 감동과 깨달음을 주었다.

• 둘째, 바흐는 교회음악에 예술미를 마음껏 불어 넣을 수 있었다.

본래 교회음악과 예술미는 서로 상충하는 관계다. 하느님의 말씀에 집중하는 데 방해되기 때문이다. 그래서 중세 교회는 악기 사용을 전면 금지하였다가 13세기 말에야 비로소 오르간만 허용하였다. 18세기 바흐 시대에 다다라 교회에서 모든 악기 연주가 허용되었을 뿐만 아니라, 오페라나 콘체르토 등의 세속음악 작곡법의 영향도 받았다. 그리고 교회의 울타리를 벗어나서 교회음악을 영주 개인이나 국가의 행사를 위해 왕궁의 악사들이 연주하는 일도 흔하였다. 이리하여 교회음악은 예술의 자유로운 표현과 혼연일체가 되었고, 바흐는 자신의 모든 예술적인 기량을 교회음악 작품에 쏟아부을 수 있었다.

• 셋째, 바흐는 교회음악가로서 교회음악 작곡에 전념하면서 지냈던 마지막 세대다.

18세기 후반경부터 음악가들은 점점 교회와 왕궁을 떠나서, 대중을 이루는 도시 중산층의 취향과 함께하기 시작하면서, 세속음악 작곡에 전념하게 되었다. 따라서 바흐는 교회음악가를 천직으로 여기며 교회음악을 교회의 일정에 따라 숨 가쁘게 작곡하며 평생을 종사하던 마지막 세대였다.

## ② 바흐의 교회음악 장르별 대표 작품

바흐는 교회음악 전 장르에 걸쳐서 걸작들을 내었다. 그중 다음은 전 세계적으로 특별히 유명한 작품이 속해 있는 장르다.

### • 칸타타(Cantata, 교성곡)

칸타타는 기독교 교회에서 목사님의 설교 직전에 연주하며, 설교 말씀과 동일한 내용을 노래한다. 칸타타는 설교 말씀과 일치해야 하므로, 매주 새로운 곡을 작곡해서 예배 시간에 연주했다. 바흐의 칸타타는 유실된 작품이 많으나, 현재 200여 작품이 남아 있다.

**특별히 유명한 칸타타**

 Cantata〈만민이여, 환호하며(Jauchzet Gott in allen Landen) BWV 51〉(1730)

 Cantata〈만족하나이다(Ich habe genug) BWV 82〉(1727)

 Cantata〈이제 사라져라, 슬픔의 그림자여(Weichet nur, betrübte Schatten) BWV 202〉(1721)

### • 수난곡(Passion)

수난곡은 예수가 제자들과 최후의 만찬을 나눌 때부터 십자가에 못 박혀 숨을 거둘 때까지의 수난의 역사를 내용으로 한다. 바흐는 감정이 극적으로 표현된 〈요한 수난곡〉과 명상적인 분위기의 〈마태 수난곡〉의 두 작품을 남겼다.

〈마태 수난곡 BWV 244〉(1727) 중 '용서하소서(Erbarme dich)'
첫 닭이 울기 전까지 예수를 세 번 부정한 베드로가 자신의 비겁함과 어리석음을 크게 뉘우치면서 통곡하며 부르는 노래다.

- 오라토리오(Oratorio)

오라토리오는 성경에 나오는 이야기나 성담 등 완성된 줄거리를 갖추어 진행함으로써, 교회음악 중에서 오페라와 가장 흡사하다. 드물게 무대장치나 분장까지 하는 경우도 있으나, 연기는 하지 않는다.

〈성탄절 오라토리오 BWV 248〉(1834)
바흐가 성탄절 시즌에 라이프치히의 니콜라이 교회와 성 토마스 교회에서 연주한 곡이다.

- 미사곡(Missa, Mass)

미사곡의 개념에 대해서는 16쪽을 참고한다.

〈B단조 미사 BWV 232〉(1749)
바흐의 〈B단조 미사〉가 역대 미사곡 중에서 최고의 명작으로 손꼽힌다. 총 5부 24곡으로 이루어져 있고, 2시간가량의 연주 시간을 요하는 대작이다. 바흐 생전에는 전곡을 한 번에 연주하지 않았다고 한다. 이 곡은 가톨릭 미사나 기독교 예배의 전례음악으로 사용되기보다는 종교적인 음악 예술로 받아들인다.

음악 상식

## 바로크 시대 교회음악의 높은 음역은 카스트라토, 보이 소프라노가 노래하였다. 20세기 이후의 바로크 원전연주는 보이 소프라노, 카운터테너가 노래한다

바로크 시대까지는 여성이 무대에 서는 것을 금하였으므로, 소년이나 거세된 남성이 소프라노와 알토의 음역을 노래해야 했다.

① 카스트라토(castrato) : 거세된 남성 가수를 말한다. 교회 성가대에서는 16세기 중반부터 여성 성가대원을 금지하였으므로, 소프라노와 알토의 음역을 카스트라토가 노래하였다. 이후 바로크 시대에는 오페라의 번성과 함께 카스트라토가 대단한 활약을 하였다. 프랑스 혁명 이후 카스트라토의 숫자가 현저히 줄어들었으나 20세기 초반까지도 마지막 카스트라토가 존재하였다.

② 보이 소프라노(boy soprano) : 변성기를 아직 거치지 않은 소년이 소프라노와 알토를 노래하는 경우다. 교황 비오 X세는 1903년에 교회에서 카스트라토 연주를 금하고, 보이 소프라노만 허락하였다.

③ 카운터테너(counter tenor) : 변성기를 거친 남성이 가성으로 여성의 음역인 소프라노나 메조 소프라노의 음역을 노래하는 가수를 말한다. 현대에는 고음악을 연주할 때 높은 음역을 카운터테너가 노래한다.

⑪ 바흐와 헨델 시대에 활약했던 전설의 카스트라토 파리넬리
(Farinelli, 1705 ~1782)

⑫ 카스트라토의 체격과 노래 실력
아직 변성기를 맞지 않은 7세에서 10세 사이의 소년들이
카스트라토로 길러졌다. 이러한 소년들은 자라면서 호르몬의
이상으로 그림과 같이 작은 머리에 신장 190cm 이상의 거인과
같은 체격을 가진 경우가 많았다. 이들은 건장한 성인 남성을
능가하는 큰 가슴통을 가졌으므로, 믿을 수 없을 정도의 긴
호흡이 가능했다. 그리고 3옥타브가량의 음역을 소프라노의
맑고 깨끗한 음색으로 화려하게 노래하였다. 바로크 시대의
카스트라토는 현대의 팝 가수 못지않은 대단한 인기를 누렸다.

⑬ 아른슈타트의 노이에 교회(Neue Kirche)에서
바흐가 연주했던 오르간(1703년 제작).
현재 아른슈타트 시립 박물관에 있다.

⑭ 바흐의 친필 사인

## 1. 바흐의 약력

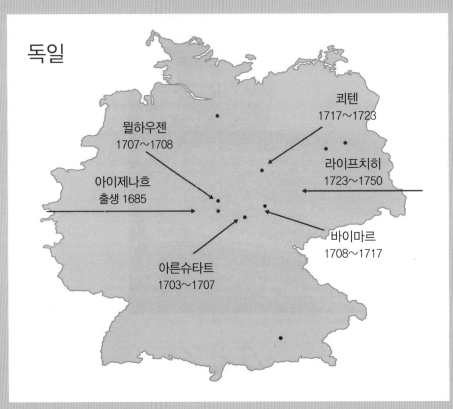

독일

쾨텐
1717~1723

뮐하우젠
1707~1708

라이프치히
1723~1750

아이제나흐
출생 1685

바이마르
1708~1717

아른슈타트
1703~1707

바흐의 고향과 근무지

- 유년기에서 청소년기(1685~1702)

  ① 부친은 아이제나흐 시 소속 음악가였고, 10세에 부친이 사망함으로써 유명한 오르가니스트인 맏형(Johann Christoph Bach, 1671~1721)이 양육

  ② 쳄발로 연주, 오르간 연주 및 오르간 제작법 등의 음악 교육을 받았고, 맏형이 귀하게 보관하고 있던 17세기 후반부터의 악보들을 달빛 아래서 몰래 사보

  ③ 1702년 뤼네부르크의 고등학교를 졸업(루터 신학, 논리학, 라틴어와 그리스어, 수학, 역사, 지리, 독일 시 등을 수강)

  ④ 오르간 코랄, 프랑스 양식에 의한 클라비어 모음곡 등을 작곡


- 아른슈타트-뮐하우젠 시대(1703~1708)

  ① 바이마르 궁정 악단의 바이올리니스트

  ② 성 보니파치우스 교회의 오르간 연주자

  ③ 뮐하우젠의 오르간 연주자

  ④ 이 시대의 대표작: 〈토카타와 푸가 D 단조 BWV 565〉(1703~1707)


- 바이마르 시대(1708~1717)

  ① 1708년부터 바이마르 궁정의 오르간 연주자

  ② 1714년부터 바이마르 궁정의 제1 바이올린 연주자

  ③ 이 시대의 대표작: 〈영국 모음곡 BWV 806-811〉(1715)

- 쾨텐 시대(1717~1723)

  ① 쾨텐 궁정 악장

  ② 자녀들과 제자들 교육을 위하여 다수의 클라비어곡을 작곡

  ③ 이 시대의 대표작: 〈인벤션 BWV 772-786〉(1720~1723), 『평균율 클라비어곡집 1권 BWV 846-869』
     (1722), 〈프랑스 모음곡 BWV 812-817〉(1722~1725), 〈브란덴부르크 협주곡〉『안나 막달레나를 위한
     소곡집』 등

- 라이프치히 시대(1723~1750)

  ① 1725년에 성 토마스 교회와 니콜라이 교회의 성가대 지휘자(칸토르)

  ② 라이프치히 대학교에서 대학생 연주 단체인 '콜레기움 무지쿰(Collegium Musicum)'을 창설하여 음악 감독으
     로 학생들을 지도

  ③ 38~65세 사망까지 걸작들이 쏟아져 나옴

  ④ 이 시대의 대표작: 〈마태 수난곡〉(1727), 〈성탄절 오라토리오〉(1734~1735), 〈B단조 미사〉(1748~1749),
     〈골드베르크 변주곡 BWV 988〉(1741), 『평균율 피아노곡집 2권 BWV 870-893』(1740~1742)

# 2. 바흐의 특별히 더 유명한 작품들

---

• 교회음악

〈성탄절 오라토리오〉, 〈마태 수난곡〉, 〈B단조 미사〉


• 세속음악

〈푸가의 기법〉

〈프랑스 조곡 No. 5〉

 〈토카타와 푸가 D 단조〉


〈브란덴부르크 협주곡 No. 3 BWV 1048〉, 〈브란덴부르크 협주곡 No. 5 BWV 1050〉

 〈G선상의 아리아(Suite No. 3 BWV 1068)(1721)

 〈G선상의 아리아〉
19세기의 명바이올리니스트 빌헬미 편곡

 〈오케스트라 모음곡 No. 2, B단조 BWV 1067〉 (1730)
중에서 '폴로네즈, 미뉴에트 그리고 바디네리'

 〈골드베르크 변주곡〉

⑮ 바흐가 생애의 대부분을 근무한 성 토마스 교회의 아프시스(Apsis of Thomas Kirche)

## 1. 코렐리(Arcangelo Corelli, 1653~1713)

- 이탈리아의 작곡가이자 바이올린 비르투오소다.

- 19세기까지 영향을 준 바이올린의 근대적 연주법의 창시자다.

- 동시대의 작곡가들은 성악 작품에 치중하였으나, 그는 콘체르토 그로소 및 트리오소나타, 바이올린 독주 소나타 등 오로지 현악기를 위한 작품에만 집중하였다.

- 콘체르토 그로소의 개척자이자 대가이며, 이 장르의 대표적 작곡가다.

코렐리

- 그의 스타일은 당대 최고의 작곡가들인 제미니아니(Geminiani, 1687~1762), 비발디, 텔레만(Telemann, 1681~1767) 등에 의해서 편곡되거나 모방되었으며, 나아가서 바흐와 헨델에게 큰 영향을 끼쳤다.

코렐리의 콘체르토 그로소 〈크리스마스 콘체르토(Christmas Concerto) Op. 6 No. 8〉(1714)

## 2. 비발디(Antonio Vivaldi, 1678~1741)

- 가톨릭 사제로서, '빨간 머리 신부님'이라는 별명으로 불렸다.

- 피에타 성당의 음악을 담당하였고, 부속 여학교의 교사를 하였다.

- 이탈리아풍 콘체르토 양식의 대가다.

- 대표 작품 〈사계〉(1725)를 비롯하여 450여 곡의 콘체르토와 칸타타, 오라토리오, 미사 등 수많은 작품을 남겼다.

비발디

 〈사계〉 중 '봄 1악장'     〈사계〉 중 '겨울 2악장'

# 3. 헨델(Georg Friedrich Handel, 1685 ~ 1759)

헨델

- 바흐와 동갑으로 8년 더 살았다.

- 평생 독신으로 자유로운 삶을 살았다.

- 국제적으로 활동하였다. 독일, 이탈리아, 영국에서 활동하고, 최종적으로 영국 국적을 취득하였다.

- 오페라와 오라토리오의 대가다. 특히 오라토리오는 바흐를 뛰어넘는다.

 〈수상음악 F장조 모음곡 HWV 348〉(1717) 중 제2부 '에어-미뉴에트-부레(Part II: Air-Menuet-Bourre)'

 오페라 〈세르세(Xerxes) HWV 40〉(1738) 중 카스트라토 아리아 '나무 그늘 아래(Ombra Mai Fu)'

 〈왕궁의 불꽃놀이(The Royal Fireworks) HWV 351〉(1749)

 오페라 〈리날도(Rinaldo) HWV 7〉(1711) 중 카스트라토 아리아 '나를 울게 하소서(Lascia Ch'io Pianga)'

 〈메시아(Messiah) HWV 56〉(1741) 중 '할렐루야(Hallelujah)'

# 4. 쿠프랭(Louis Couperin, 1668~1733)과
## 라모(Jean Philippe Rameau, 1683~1764)

쿠프랭　　　　　　라모

- 프랑스 클라브생 악파다. 베르사유 악파라고도 한다.

- 로코코 음악, 클라브생 음악의 개척자들이다.

- 쿠프랭과 라모의 클라브생 작품집을 구성하고 있는 작품들은 표제가 붙어 있다. 자연의 소리나 이미지 등을 '음그리기(tone painting)'로 묘사한다. 예를 들어, 쿠프랭의 〈틱톡촉(Tic-Toc-Choc ou les Maillotins)〉(1722)은 망치 소리, 뜨개질 바늘 부딪치는 소리 등의 의성어라고 하며, 라모의 〈암탉(La Poule)〉(1724)은 암탉의 울음소리와 모이를 쪼며 분주히 노니는 모습 등이 음그리기로 묘사된다.

쿠프랭의 〈틱톡촉(Tic-Toc-Choc)〉(1722)

라모의 〈암탉(La Poule)〉(1724)

라모의 〈암탉〉 악보

⑯ 토마스 교회(Tomas Kirche) 앞의 바흐 동상. 1843년에 멘델스존이 추진하여 세웠다.

제3부

# 고전주의 시대

7

# 파파 하이든 그리고 그의 음악 유머

# 하이든(Joseph Haydn, 1732~1809)

① 하이든의 교향곡을 지휘하는 고음악 연주의 대가 아르농쿠르(N. Harnoncourt)

# I. 하이든은 파파(Papa)

## 1. 파파 하이든, 아버지 하이든

하이든의 생존 시에 사람들은 그를 '파파 하이든(Papa Haydn)'이라고 불렀고, 오늘날도 여전히 이렇게 부른다.

38세의 하이든

- 하이든이 생존했던 당시부터 현재까지 '파파 하이든'이라는 애칭은 쭉 계속되고 있다. 하이든은 '아버지(Vater, Father)'라고도 흔히 일컬어진다. '현악 4중주의 아버지' '교향곡의 아버지' '빈 고전주의 음악의 아버지'라고 말이다. 이는 하이든이 바흐의 아들인 J. C. 바흐 등 그와 비슷한 연배의 동료들이 풀지 못한 숙제인 현악 4중주와 교향곡의 형식을 완성하였기 때문이고, 하이든, 모차르트, 베토벤으로 구성되는 고전주의 음악의 창시자이기 때문이다.

- 하이든의 시대에는 존경하는 음악가를 '파파'라고 불렀다고 한다. 바흐 시대까지만 해도 '아빠' 또는 '아버지'는 자신을 낳아 준 분이나 하느님을 부르는 명칭이었으므로, 당시에 굉장한 존경의 의미를 가진 단어였다. '파파 하이든'이라는 애칭은 에스테르하치 후작가에서 근무하던 시기부터 불려지기 시작했다. 그의 나이 30대(1760년대)부터 에스테르하치 후작가에서 29년간 악장(Kapellmeister)직을 맡아서 근무하였는데, 그가 거느리고 있던 오케스트라 단원들이 그를 '파파 하이든'이라고 불렀고, 하이든이 50대(1780년대)에 그와 가깝게 지내던 스물네 살 아래의 모차르트도 그를 이렇게 불렀다.

- 슈만(Robert Alexander Schumann, 1810~1856)을 비롯한 초기 낭만주의자들은 하이든의 작품을 '너무 평이하고 가볍다' '구식이다'라고 비꼬는 의미에서 '파파'라는 단어를 썼다고 한다. 그러나 19세기 중반 이후 하이든이 고전주의 음악의 형식을 발명한 음악가라고 밝혀지고 하이든에 대한 연구가 거듭되면서 이러한 부정적인 의미는 사라졌다.

- 20, 21세기의 현대인들은 앞에 열거한 내용들을 인정하므로 그를 '파파 하이든'으로 부른다. 여담으로, 독일인들은 올림픽이나 월드컵 등에서 울려 퍼지는 독일의 애국가가 하이든의 작품이므로(〈현악 4중주 No. 62 C장조, Op. 76. No. 3, 황제〉의 2악장에서 옴) 자랑스러운 의미로 생각하기도 한다.

〈현악 4중주 황제〉 (1797~1798) 중 2악장

② 하이든으로 추정되는 인물이 현악 4중주를 연습시키는 모습

# 2. 스타 하이든

## 1) 스타로서의 하이든

- 예술가를 천재 개념으로 받아들이며, 예술가를 스타로서 존경하고 따르는 문화는 18세기 후반부터 형성되었다. 하이든은 이러한 배경하에서 스타로서의 대중적인 인기를 누린 첫 세대 '스타 음악가'다.

- 하이든은 비록 그의 몸은 58세까지 에스테르하치 후작가에 묶여 있었으나, 그의 명성은 이미 그의 나이 40~50대에 대외적으로 상당히 높았다. 그는 에스테르하치 후작가를 나온 직후인 59세부터 음악 공연 흥행가인 잘로몬 (Johann Peter Salomon)의 초청으로 런던으로 두 번의 연주 여행(1791~1792, 1794~1795)을 실행하였다. 그는 이 두 번의 런던 연주 여행에서 대중(귀족과 시민들)의 폭발적인 인기를 실감하게 되었다. 그의 음악회에는 엄청난 인파가 몰려들었으며, 사람들은 그의 일상적인 사생활에까지 관심을 가졌다. 그의 초상화, 친필 편지나 친필 악보가 전시되고, 호화롭게 치장된 악보가 불티나게 팔렸다. 나아가서 그는 유럽의 작고 큰 도시 그리고 심지어 농촌에까지 명성이 자자하였으며, 대단한 명예와 부를 얻었다. 하이든은 옥스포드 대학교에서 명예 음악 박사 학위를 받았고(1791), 빈에 정원이 있는 좋은 집을 구입했다(1793).

## 2) 런던에서의 대스타 하이든의 내공

- 하이든은 당시로서는 보기 드물게 60대까지 활발하게 음악 활동을 한 인물이다. 음악 인생을 마감하는 59세부터 63세까지 런던에서 발표한 런던 교향곡들에는 그가 평생 동안 쌓아 온 내공이 깃들어 있다.

- 하이든은 청소년 시절(9~17세)에 빈의 슈테판 교회에서 보이 소프라노로 입단하여, 전통 바로크식 음악 교육을 받았다. 25세까지의 무명 시절에는 귀족의 노래 연습 반주자, 개인교수, 궁정 실내악단 객원 연주자, 거리의 세레나데 연주자 등의 다양한 아르바이트를 하면서 다양하고 풍부한 음악 경험을 쌓았다. 또한 당시 훌륭한 음악가의 시종으로 일하고 그 대가로 음악 수업을 받는 등 자신의 기량을 연마하는 일을 멈추지 않았다.

- 30대 초반부터 에스테르하치 후작가에 임용되어 연간 100~150회의 음악회를 준비하면서 당시 궁중에서 유행하던 갈랑 양식(galant style)을 익혔다. 하이든의 작품에는 갈랑 양식 성격 중의 하나인 '별 근심 없이 가볍고 즐거운 분위기'가 꾸준히 존재하며, 이는 그의 개성이기도 하다.

 하이든의 〈디베르티멘토 D장조〉(1767)

- 40대에는 당시 돌풍을 일으키던 독일 문학계의 '질풍과 노도(Strum und Drang) 운동'의 영향을 받아서, 작품에 '감정 과다 양식(Empfindsamer Stil, Sentimentality)'을 받아들였다. 단조 선호, 예기치 않은 불협화음, 셈여림의 잦은 변화 등으로 민감한 감정의 변화를 표현하였다.

- 50대에 들어서서는 고전주의 음악 형식을 완성하여, 결과적으로 빈 고전주의 악파의 창시자가 된다. 하이든은 바로크, 로코코, 질풍과 노도(감정 과다 양식), 고전주의의 4가지 문화 사조의 변화를 몸소 체험하여 음악으로 표현한 인물이다.

- 하이든은 50대 말에서 60대 초반에 걸쳐 런던을 방문하여 교향곡 12작품을 모두 새로 지어서 발표하였다(런던 교

향곡 또는 잘로몬 교향곡이라고 함). 그의 음악 생애를 종결 짓는 이 교향곡 작품들에 그는 전 생애를 걸쳐서 쌓아온 기량을 풀어놓음으로써, 런던에서 유례없는 성공을 거두었으며 하이든의 명성은 전 유럽에 떨쳐졌다.

〈첫 번째 런던 방문(런던에서 새로 작곡)〉

| 교향곡 번호 및 조성 | 작곡연대 | 별칭 |
|---|---|---|
| 교향곡 No. 93, D장조 | 1791 | |
| 교향곡 No. 94, G장조 | 1791 | 놀람 |
| 교향곡 No. 95, C 단조 | 1791 | |
| 교향곡 No. 96, D 장조 | 1791 | 기적 |
| 교향곡 No. 97, C 장조 | 1792 | |
| 교향곡 No. 98, B♭ 장조 | 1792 | |

〈두 번째 런던 방문(빈과 런던에서 작곡)〉

| 교향곡 번호 및 조성 | 작곡연대 | 별칭 |
|---|---|---|
| 교향곡 No. 99, E♭장조 | 1793 | |
| 교향곡 No. 100, G장조 | 1793~1794 | 군대 |
| 교향곡 No. 101, D장조 | 1793~1794 | 시계 |
| 교향곡 No. 102, B♭장조 | 1794 | |
| 교향곡 No. 103, E♭장조 | 1795 | 북 연타 |
| 교향곡 No. 104, D장조 | 1795 | 런던 |

③ 하이든이 보이 소프라노로 노래하였던 빈의 슈테판 성당(Stephansdom) 내부

# 감정 과다 양식(Empfindsamer Stil, Sentimentality)

1770년대의 독일 문화권은 문학에서 시작된 '질풍과 노도(Strum und Drang) 운동'의 유행 물결에 휩싸였고, 음악도 이 물결에 합류하였다.

• 문학의 '질풍과 노도 운동'

> 베르테르는 이미 약혼자가 있는 샤를로테를 사랑하게 되면서부터 괴로움에 빠진다. 베르테르 자신은 절대적으로 진실되고 숭고한 사랑을 열렬히 하고 있음에도 불구하고, 자신의 사랑은 어느 누구에게도 이해받을 수 없을 뿐만 아니라 비난받을 수밖에 없는 사랑이라는 것에 대하여 고통받고 절망한다. 그리고 결국 권총 자살을 선택한다.

• 독일 문학계의 '질풍과 노도 운동'의 중심인물인 괴테(Johan Wolfgang von Goethe)는 『젊은 베르테르의 슬픔』(1774)으로 당시 유럽 사회에 큰 파장을 일으켰다. 사람들은 이 책에 동감하고 감동받은 나머지, 베르테르의 옷차림을 즐겨 따라 하였으며 심지어 자살방법까지 모방하였다. 오늘날도 유명한 인물이 죽으면 따라서 자살하는 현상을 '베르테르 효과'라고 부른다.

• '질풍과 노도 문학'은 본인도 자제가 불가능한, 완전히 개인적이고 주관적인 감정을 다루고 있다. 시시각각으로 상황에 따라서 민감하게 반응하는 기쁨과 절망이다. 여과 없는 격한 감정, 자제 안 되는 극적인 감정의 흐름 등이 진솔하게 묘사된다. 누구에게나 이해되는 바로크 시대의 떳떳한 희로애락의 감정과 비교된다.

- 문학계에서 비롯된 거센 '질풍과 노도 운동'의 영향은 음악계에도 파급되어, 1770년대에 '감정 과다 양식'으로 나타난다. 바흐의 둘째 아들인 C. P. E. 바흐 등이 감정 과다 양식을 일선상에서 적극적으로 추구하였으며, 하이든 역시 이 시기의 음악에 곧바로 반영하였다.

- 감정 과다 양식의 특징

  ① 단조 선호

  ② 반음계 선호

  ③ 잦은 전조(조 옮김) 및 갑작스러운 전조

  ④ 긴 호흡

  ⑤ 싱코페이션 리듬 선호

  ⑥ 셈(포르테, f)과 여림(피아노, p)이 마구 바뀜

  ⑦ 스포르찬도(sf, sfz, 그 음만 갑자기 세게) 선호

  ⑧ 흥분시키는 트레몰로

  ⑨ 크레셴도(점점 크게)와 데크레셴도(점점 작게)로 감정 고조

  ⑩ 예기치 않은 불협화음 사용

〈피아노 소나타 No. 33〉 중 1악장

하이든의 〈피아노 소나타 No. 33 C단조 Hob. 16/20〉(1771)

## 〈교향곡 기적〉에 관한 에피소드의 오해와 진실

하이든이 런던의 하노버 스퀘어 룸에서 〈교향곡 No. 96 D장조 Hob, 1/96〉(1791)을 지휘하려고 무대에 등장하자, 하이든을 더 가까이에서 보고 싶은 청중이 무대 앞쪽으로 몰려들었다. 바로 그때 홀 중앙에 위치한 크고 화려한 샹들리에가 갑자기 바닥으로 떨어졌다. 그러나 다행히도 청중이 무대 앞쪽에 몰려 있었던 관계로 홀 중앙이 비어 있었으므로, 중상을 당한 자는 없었다. 자칫하면 샹들리에 주변의 30명 이상이 크게 다칠 뻔했다. 이에 사람들은 모두 "기적이다! 기적이다!"라고 외쳤다. 이 곡은 이런 유래로 '기적'이라는 애칭이 붙여졌다고 전해지고 있다. 그런데 실제로 이와 같은 사건은 1795년 2월 2일 저녁 런던의 왕립 극장에서 열린 음악회에서 하이든이 〈교향곡 No. 102 B♭장조 Hob. 1/102〉(1794)을 연주할 때 일어났던 일이라고 한다.

④ 『런던 뉴스(London News)』지에 게재된 삽화. 하이든의 음악회가 열렸던 하노버 스퀘어 룸(Hanover Square Rooms)의 광경(1791)

① 하이든이 남긴 작품

  심포니 작품 104곡

  오라토리오 작품 6곡

  미사와 성악곡 작품들

  오페라 작품 24곡

  콘체르토 작품

  현악 4중주 작품 68곡과 그 밖에 실내악곡들

  피아노소나타 작품 52곡 및 그 밖에 피아노곡들


② 하이든의 특별히 유명한 작품들

  교향곡: 〈고별〉, 〈놀람〉

  오라토리오: 〈천지창조〉, 〈사계〉

  현악 4중주: 〈황제〉

## 1. 빈 고전주의 음악의 창시자 하이든

- 하이든은 50대인 1780년대에 소나타 형식을 완성함으로써, 현악 4중주를 비롯한 실내악곡, 콘체르토, 교향곡 등 기악곡 형식의 기틀을 마련하였다. 이로써 고전주의 음악의 형식이 드디어 완성되었다. 하이든의 대표 작품들은 대부분 1780년대 이후에 작곡된 작품들이다.

- 하이든, 1780년대에 하이든과 함께 활동했던 후배 음악가 모차르트 그리고 1790년대 초반에 하이든의 문하생이었던 베토벤이 고전주의 정신 및 고전주의 형식을 신봉하였다. 이 세 거장은 모두 빈에서 활동하였으므로 '빈 고전주의'라고 일컫는다.

# 2. 소나타 형식의 완성

하이든이 소나타 형식을 완성하기 전까지는 소나타라는 명칭을 가진 악곡이어도 형식이 분명치 않았다. 1780년대에 들어서서 하이든이 완벽한 소나타 형식을 확립함으로써 독주곡, 실내악곡, 콘체르토, 교향곡 등 다양한 장르의 기악곡 형식이 해결되었다. 소나타 형식의 틀을 우선적으로 갖춘 뒤에 각 장르의 특색을 살리고 작곡가 개인의 개성을 발휘하면 되기 때문이다.

• 악곡 명칭으로서의 소나타

소나타(sonata)의 어원은 이탈리아아어 '소나레(sonare, 소리나다)'에서 유래되었다. 성악곡이 아니고 '기악곡'이란 뜻이다. 소나타라는 용어는 16세기에 처음 등장하며, 바로크 시대까지는 특정한 형식과 별 상관없이 기악으로 합주하는 곡들을 말했다. 예를 들면, 춤곡의 모음곡도 소나타라고 하였고, 연주자의 숫자도 별 규제가 없었다. 그러나 고전주의 시대부터는 소나타 형식을 갖추고 있는 독주 악기를 위한 곡만을 소나타라고 부른다. 두 명이 연주할 경우 한 사람은 솔로이고, 나머지 한 사람은 반주자다. 그리고 3중주부터는 소나타 형식을 갖추고 있어도 소나타라고 부르지 않고 트리오(3중주), 쿼르텟(4중주), 퀸텟(5중주) 등으로 부른다.

하이든은 소나타를 30대부터 작곡하지만, 50대에 들어서서야 비로소 소나타 형식을 완성시켰다. 소나타라는 명칭을 가진 독주곡은 물론이고, 그 밖에 현악 4중주를 비롯한 실내악곡, 협주곡, 교향곡이 소나타 형식으로 작곡된다. 소나타 형식은 광의와 협의의 두 가지 뜻이 있다. 광의로는 소나타 형식의 악장[소나타 알레그로 형식(sonata allegro form)]을 포함한 3~4악장으로 구성된 악곡 형식을 의미하고, 협의로는 제시부, 발전부, 재현부로 구성된 악장 내에서의 형식 구조를 의미한다.

- 광의, 장르로서의 소나타 형식

  제1악장은 소나타 형식으로 작곡된 빠른 속도(알레그로)의 악장이다.

  제2악장은 느린 템포(아다지오)의 서정적인 악장이다.

  제3악장은 대부분 다시 빠른 속도로 연주하는 소나타 형식이 온다.

  ※ 4악장 구성일 때는 제3악장에 미뉴에트와 같은 춤곡이 연주되고(베토벤부터는 스케르초로 대치됨), 4악장에 소나타 형식이나 론도 형식이 온다. 일반적으로 3악장 구성은 고전주의 시대의 피아노 소나타와 솔로 콘체르토, 4악장 구성은 고전주의 시대의 현악 4중주 등 실내악곡과 교향곡이 있다.

- 협의, 악장 구조로서의 소나타 형식

  제1악장에 반드시 배치되는 소나타 형식은 빠른 속도로 연주하므로 소나타 알레그로 형식이라고도 한다. 소나타 형식의 구조는 도표와 같으며, 대부분 피날레 악장에서 다시 쓰인다.

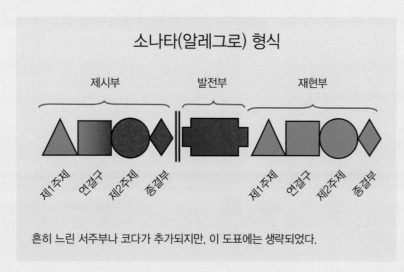

### 소나타(알레그로) 형식

제시부      발전부      재현부

제1주제   연결구   제2주제   종결부     제1주제   연결구   제2주제   종결부

흔히 느린 서주부나 코다가 추가되지만, 이 도표에는 생략되었다.

제시부는 두 가지 주제를 차례로 제시한다.
발전부는 두 가지 주제가 리듬적으로 격렬하게 발전하고 여러 전조를 거쳐 클라이맥스를 형성한다.
재현부는 격앙된 열을 식히며 두 가지 주제를 차례로 재등장시킨다.
단, 제시부에서는 두 가지 주제의 조성이 5도나 3도 관계로 다르지만, 재현부에서는 동일하게 원조로 나타나는 것이 차이점이다. 끝으로 곡 마무리를 위한 코다가 있을 수 있다.

# 3. 교향곡의 아버지

교향곡은 그리스어로 '함께 울린다'라는 뜻을 가진 '심포니아(symphonia)'에서 왔다. 하이든은 10대부터 평생 동안 교향곡을 작곡하는 가운데, 그의 나이 50대에 들어서서 소나타 형식을 기반으로 하는 교향곡 형식을 확립하였다 (1780년대).

〈전통적인 교향곡 형식〉

| 악장 | 형식 | 빠르기 | 조성 |
|---|---|---|---|
| 제1악장 | 소나타 | 빠름(알레그로) | 기본 조성 |
| 제2악장 | 가요 | 느림, 부드럽고 서정적 (아다지오, 안단테) | 딸림조, 버금 딸림조 또는 병행조인 단조 (낭만주의 시대에는 3도 관계도 가능) |
| 제3악장 | 미뉴에트 또는 스케르초 | 중간 빠르기 미뉴에트 또는 빠름에서 매우 빠름의 스케르초(베토벤부터) | 기본 조성 |
| 제4악장 | 소나타, 론도, 론도소나타 또는 변주곡 등 | 빠름(알레그로, 비바체, 프레스토) | 기본 조성 |

# 론도 형식과 변주곡 형식

$$A - B - A - C - A - B - A$$

## • 론도 형식(Rondo form)

① 주제(A)의 사이마다 삽입구(B, C)가 들어가는 형식이다. 주제는 매번 되풀이되므로 후렴(refrain)으로 볼 수 있고, 삽입구는 후렴과 후렴의 사이에 끼는 에피소드(episodes)로 생각한다.

② 소나타, 협주곡, 교향곡의 마지막 악장에 쓰이곤 한다.

③ 하이든 교향곡에 1770년대 이후부터 나타나기 시작했다.

④ 하이든의 교향곡 〈놀람〉의 4악장이 론도 형식으로 작곡되었다.

$$A - A' - A'' - A''' - A^n$$

## • 변주곡 형식(Form of variation)

① 주제(A) 제시를 한 뒤에, 주제에다 선율 변형, 리듬 변형, 조성 변형 등으로 갖가지 변화를 주며 변주시킨다.

② 하이든의 교향곡 〈놀람〉의 1악장이 변주곡 형식으로 작곡되었다.

# 고전주의 시대 오케스트라

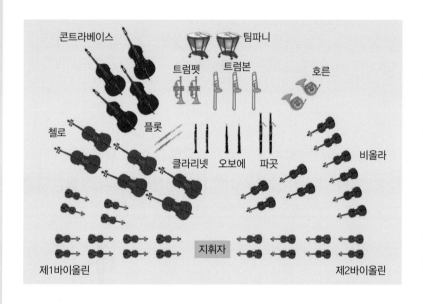

콘트라베이스 · 팀파니 · 트럼펫 · 트럼본 · 호른 · 첼로 · 플롯 · 클라리넷 · 오보에 · 파곳 · 비올라 · 지휘자 · 제1바이올린 · 제2바이올린

고전주의 시대의 오케스트라에는 바로크 시대의 음악에서 반드시 필요했던 통주저음이 점점 사라지면서, 쳄발로가 오케스트라 악기 편성에서 빠지게 된다. 악곡 자체가 화성적 구조(homophony)로 작곡되기 때문에 바로크 시대 대위법 구조의 악곡(polyphony)에서처럼 통주저음반주를 통해 화성을 안정시켜 주지 않아도 되기 때문이다. 하이든, 모차르트 시대(1790년대 전후)부터는 오케스트라에 필요한 악기의 종류와 숫자 그리고 무대에 어떤 악기를 가진 연주자가 어느 위치에 배치되어야 하는지도 표준화된다. 베토벤 이후에는 악기의 종류나 숫자가 필요에 따라서 추가되긴 하지만, 기본 위치는 그대로 지켜진다.

고전주의 시대의 오케스트라는 제1 바이올린, 제2 바이올린, 비올라, 첼로, 콘트라베이스 이렇게 5개의 악기 그룹으로 구성된 현악기가 여러 대씩 배치되어 중심 역할을 한다. 목관악기는 플루트 2, 클라리넷 2, 오보에 2, 바순 2의 네종류로 구성되는 2관 편성이고, 금관악기는 호른 2, 트럼펫 2의 두 종류 그리고 타악기인 팀파니 2로 구성된다. 트롬본은 베토벤이 추가하였다.

# 4. 현악 4중주의 아버지

- 바로크 시대의 실내악 연주는 통주저음 반주 악기(일반적으로 쳄발로)를 수반하며 바이올린, 첼로와 같은 선율악기 3대로 연주하는 형태가 가장 인기 있었다. 이때 연주자는 1인의 통주저음 반주자와 3인의 선율악기 연주자, 도합 4인이지만 '트리오 소나타(trio sonata)'라고 불렀다.

- 1750년대 초에 접어들면서 갓 20대였던 젊은 하이든이 통주저음 악기를 과감히 생략하고, 악기 편성을 제1 바이올린, 제2 바이올린, 비올라, 첼로로 새롭게 구성하여 연주하였다. 이로써 최소의 악기 편성으로 최대의 음향 효과를 얻을 수 있으며 오늘날까지 실내악곡 중에서 가장 선호되는 형태인 현악 4중주가 탄생하였다.

- 50대의 하이든이 소나타 형식을 완성하면서 현악 4중주의 형식도 해결되었다.

현악 4중주 악기 구성(바이올린 2, 비올라, 첼로)

# 1. 유머의 원리와 음악 유머

- 유머의 소재는 너무나 당연한 일 또는 누구나 잘 알고 있는 대상이 선택된다. 그러한 대상을 주제로 하여 정상적으로 이야기가 진행되다 갑자기 논리가 맞지 않는 엉뚱한 결말로 빠질 때 유머가 발생한다. 음악에서의 유머도 마찬가지 원리다. 매우 유명한 기존 악곡 또는 유명 음악 형식이 흐르는 가운데 갑자기 예상치 못했던 음이나 선율, 리듬, 화성, 다이내믹 등이 나타날 때 음악적 유머가 발생한다. 하이든의 시대에는 특히 이렇게 음악 형식과 관련한 음악 유머로 청중을 즐겁게 하였다.

- 음악 유머는 반드시 음악적인 이유에서, 즉 '작곡을 유머스럽게 했기 때문에 유머가 발생해야 된다'는 조건이 붙는다. 연주자의 익살스러운 행동 때문이거나 또는 음악으로 가공하지 않은 소음 그대로를 단순히 음악에 옮긴 것은 음악 유머에 속하지 않는다. 다음 예와 같은 경우들은 매우 재미있긴 하지만, 음악적인 이유에서 유머가 발생하는 것이 아니므로 엄밀히 말해서 음악 유머에 속하지 않는다.

⟨프렐류드 C#단조 Op. 3 No. 2(Bells of Moscow)⟩(1892)
라흐마니노프(Sergei Vasil'evich Rakhmaninov, 1873~1943)의 피아노곡은 손이 커야 연주를 할 수 있다는 점을 연주자가 행동으로 유머화한 것이다.

미국의 작곡가 거슈인(G. Gershwin, 1898~1937)이 ⟨파리의 아메리카인(An American in Paris)⟩(1928)에서 자동차 경적 소리를 그대로 흉내 낸 것이다.

# 2. 하이든의 음악적 유머

하이든의 음악 유머는 밝고 천진난만하다. 주변에서 들을 수 있는 유쾌한 소리를 음악화하거나, 또는 엄격함을 바탕으로 하는 고전주의 음악 형식을 소재로 하여 원래의 형식과 어울리지 않는 엉뚱한 전개를 함으로써 유머를 발생시킨다. 하이든에게는 풍자, 비꼼, 조롱과 같은 어두운 유머는 전혀 없다. 하이든의 음악 유머는 실제로 웃음을 터트릴 수 있는 것에서부터, 그 정도는 아니지만 듣는 이의 기분을 좋게 만드는 것까지를 포함한다. 다음은 하이든의 음악 유머의 실제 예들이다.

• 비음악적인 소리를 음악적인 소리로 재현한다.

기계 소음이나 자연의 소음 등을 음악으로 흉내 낸다.
〈교향곡 No. 101 D장조 Hob. 1/101, 시계〉(1794) 중 2악장

• 음그리기(Tone Painting) : 아름다운 새의 노래 소리를 음악으로 묘사한다.

〈현악 4중주 No. 5 D장조, Op. 64 No. 5, 종달새〉(1990) 중 1악장

• 하이든 시대, 즉 고전주의 시대의 사람들이 모두 이미 잘 알고 있던 익숙한 음악 형식을 예상치 못한 엉뚱한 방향으로 진행시킨다.

누구나 잘 알고 있는 춤곡의 리듬을 변형시켜 연주하여 유머를 발생시킨다. 춤곡의 생명은 규칙적인 강약에 의한 리듬이다. 특정한 리듬에 맞는 특정한 몸동작을 하기 때문이다. 그런데 그 춤에 어울리지 않는 엉뚱한 리듬으로 바꾸어 연주하면 그 춤을 정상적으로 출 수 없게 됨으로써 유머가 발생한다. 미뉴에트 리듬 원형, 미뉴에트 댄스 그리고 하이든의 미뉴에트 작품의 예다.

• 미뉴에트 리듬 원형

 〈미뉴에트 댄스 시범〉

 하이든의 〈미뉴에트 G 장조 Hob. IX:3, No. 2〉(1763~1767)

• 미뉴에트 리듬을 당김음(싱코페이션) 리듬으로 변형시켰다. 미뉴에트를 잘 추는 이들에게 유머를 선사한다.

〈교향곡 No. 58 F장조 Hob. I/58〉(1767) 중 3악장 'Menuet alla zoppa'는 싱코페이션 스타일로 미뉴에트를 연주하라는 뜻이다.

  하이든의 〈교향곡 No. 58〉 중 3악장

• 연주자가 마치 실수를 하는 것처럼 작곡한다.

클래식 음악가들의 연주는 완벽함이 기본이다. 그러나 갑자기 엉뚱한 음이나 엉뚱한 프레이즈로 이어져서 연주자가 실수하는 것과 같은 느낌을 주거나, 연주 기술이 부족하여서 서투른 연주를 하는 것처럼 보일 때 유머가 발생된다. 연주자는 자신이 연주하던 악보의 제자리를 놓쳐서 어딘지 몰라서 헤매는 것처럼 동일한 자리를 되풀이하거나, 틀린 음을 낸다. '산만한 교향곡(Il Distratto)'이라는 별명이 붙은 하이든의 교향곡이 그 예다.

  〈교향곡 No. 60 C장조 Hob. I/60, 산만한 교향곡〉(1775)

• 위트, 깜짝 놀래주기

교향곡의 피날레는 가장 화려하고 장대하여야 한다. 그러나 하이든의 〈교향곡 No. 45 F#단조 Hob. 1/45, 고별〉 (1772) 중 4악장 피날레는 단원들이 자신의 파트를 마친 후 차례대로 퇴장하는 장면이 연출된다. 연주자들은 자신의 파트가 끝나면 보면대의 촛불을 끄고 악기를 들고 무대를 퇴장한다. 결국 마지막에 제1 바이올리니스트 2명만 남게 되고 이로써 곡은 사라지듯이 끝난다. 어이없는 피날레다. 이 곡의 유래는 에스테르하치 후작이 여름 별궁에 너무 오랜 기간 머물고 있었기 때문에, 단원들이 집에 빨리 돌아가서 가족들을 만나고 싶어 하는 마음을 후작에게 전하기 위해서 하이든이 음악으로 표현한 것이다. 물론 에스테르하치 후작은 이 음악 유머를 이해하였고 소원을 풀어 주었다고 한다.

〈교향곡 No. 45, 고별〉 중 4악장 피날레

• 〈교향곡 No. 94 G장조 Hob. 1/94, 놀람〉(1791) 중 2악장은 주제가 점점 작아지다(p에서 pp로) 별안간 팀파니 및 관현악기 모두 합세하여 벼락치듯이 매우 큰 소리(ff)를 내어 청중을 깜짝 놀라게 한다. 그리고 2악장 내내 큰 소리의 음이 특징적으로 등장하곤 한다. 59세의 노익장인 하이든이 런던에서 음악회를 시리즈로 열 때였는데, 음악회에 와서 꾸벅꾸벅 조는 청중을 깨우기 위한 유머였다.

〈교향곡 No. 94, 놀람〉 중 2악장

팀파니 및 관현악기 모두 합세하여 *ff*로 갑자기 매우 큰 소리를 내는 부분의 악보

⑥ 하이든이 말년을 보낸 빈에 있는 저택.
현재는 하이든 기념관으로 사용하고 있다.

⑤ 1791년 런던 연주 여행 당시 런던에서 제작된 초상화

# 8

# 모차르트는 최상급 천재

I. 모차르트, 최상급 천재 / II. 천상의 음악

# 모차르트(Wolfgang Amadeus Mozart, 1756~1791)

모차르트와 모차르트의 친필 악보

## 1. 남다른 신동

- 잘츠부르크 궁정 음악가인 레오폴드 모차르트(Leopold Mozart, 1719~1787)의 막내아들로 태어났다.

- 5세에 잘츠부르크 대학교 음악회에서 데뷔하였다.

- 6~10세 사이에 유럽 전역의 28개 도시로 연주 여행을 하였다.

- 8세에 첫 교향곡과 피아노와 바이올린을 위한 소나타 작품을 출판하였다.

① 6세의 모차르트

② 부친, 누나와 함께 연주하는 어린 모차르트

③ 6세의 모차르트가 쉔부룬 궁전에서 마리아 테레지아 여왕에게 소개되고 있다.
"어린 모차르트는 연주를 한 후 여왕의 무릎 위로 뛰어 올라가서 여왕의 뺨에 뽀뽀를 하였다."라고
부친 레오폴드가 자랑스럽게 전하였다.

# 2. 10~25세, 청소년기

- 잘츠부르크 궁정의 좋은 일자리에 여러 차례 취직되었다. 그러나 부친 레오폴드는 어린 모차르트를 이끌고 이탈리아와 오스트리아, 독일의 여러 지역으로 사적인 연주 여행에 몰두하였다. 모차르트는 결과적으로 직장에서의 의무를 소홀히 하게 되었고, 대외적으로 신용을 잃어 갔다.

- 소년기가 지난 모차르트는 더 이상 귀여운 신동이 아니었고, 자신의 행동에 책임져야 할 나이로 접어들었다.

④ 14세의 모차르트

## 모차르트 시대의 피아노

모차르트가 10대였던 1770년경부터는 피아노가 연주회나 가정용 악기로 적합하다고 여겨지기 시작했다. 모차르트는 페달을 피아노에 장착하였다는 기록이 있으나, 이 시대의 피아노는 일반적으로 페달이 없었다. 음역은 5옥타브 정도였고, 소리는 음에서 음으로 넘어갈 때 이어지지 않고 연약하여서 거의 쳄발로와 비슷한 수준이었다. 그러나 셈여림을 자유롭게 표현할 수 있는 것이 큰 장점이었고 감정 표현에 큰 도움이 되었다.

⑤ 모차르트 시대의 피아노

# 3. 25~35세, 빈의 프리랜서 음악가

---

- 고향 잘츠부르크에서 기대한 만큼의 호응을 얻지 못하자, 빈으로 활동무대를 옮겼다.

- 하이든과 교류하며 자신의 음악에 고전주의적 형식미를 보충하였다.

- 1782년 콘스탄체와 결혼하여, 6남매를 두었으나 2명만 생존하였다.

⑥ 모차르트 사후에 완성된 초상화(1819)

- 1784년부터 자유주의를 추구하는 프리메이슨 비밀 결사단(Freemasonry , Masonry)에 가입하였다. 프리메이슨은 16세기 말경부터 오늘날까지 내려오는 비밀 조직의 성격을 가진 단체이며, 자유, 평등, 박애주의를 기본 정신으로 한다. 모차르트 시대에는 특히 계몽주의 사조와 결부되는 경향을 짙게 띠고 있었다. 모차르트는 프리메이슨 단체에 거액의 기부금을 냈다고 하며, 이때부터 그는 귀족을 풍자하는 내용에 관심을 가지게 되었다. 오페라 〈피가로의 결혼 K. 492〉(1786)과 〈마술피리 K. 620〉(1791)가 좋은 예다.

- 수많은 걸작을 남기고 알 수 없는 병에 걸린 지 15일 만에 35세의 나이로 돌연히 사망하였다.

⑦ 모차르트가 귀족들의 소모임에서 〈돈조반니〉를 슈피넷(쳄발로의 일종)으로 연주하며 소개하는 장면이다.
모차르트는 궁정 음악가 자리를 얻어 정착하고 싶어 했다.

⑧ 모차르트의 무덤

모차르트가 갑자기 사망한 다음날 빈의 슈테판 성당에서 장례식이 거행되었고,
빈 중산층의 장례 풍습에 따라서 빈 외곽의 성 마르크스 묘지에 안장되었다.
그 후 묘지가 몇 차례 확장되는 과정을 거치면서 모차르트가 묻혔던 정확한 위치를
알 수 없게 되었다. 1856년 모차르트 탄생 100주년을 맞아 모차르트의 유골은 모시지 못한 채,
빈 중앙묘지(Zentralfriedhof)에 비석만 세워 놓았다.

## 1. 600곡 이상의 주옥 같은 작품들

- 오페라 작품 21곡
- 바이올린 콘체르토 작품 5곡

- 심포니 작품 50곡 이상
- 피아노 소나타 작품 18곡 외 다수의 피아노 소곡

- 피아노 콘체르토 작품 21곡
- 바이올린 소나타 작품 36곡

- 관현악 작품

- 실내악 작품

- 독일 가곡

## 2. 특별히 더 유명한 작품들

### 1) 오페라

- 하이든, 모차르트, 베토벤 3명으로 대표되는 빈 고전주의 작곡가들 중에서 모차르트는 유일하게 오페라 작곡으로 크게 성공한 작곡가다. 모차르트는 서곡, 아리아, 중창, 합창, 오케스트라를 극의 진행에 걸맞게 작곡하였다. 그는 오페라의 극적 진행을 잘 이해하여, 관객들이 긴장을 풀지 않고 흥미진진하게 오페라의 결말까지 함께하게 한 최초의 작곡가라고 해도 과언이 아니다. 그래서 '모차르트가 없었다면, 아마도 오페라는 클래식 음악에서 사라진 장르가 되었을 것'이라고들 한다.

- 모차르트의 대표 오페라 작품으로는 화려한 이탈리아식 희가극(opera buffa) 〈피가로의 결혼 K. 492〉(1786), 〈돈조반니 K. 527〉(1787), 〈코지 판투테 K. 588〉(1790)와 그의 말년에 이탈리아어를 모르는 민중을 위하여 노랫말을 독일어로 작곡한 〈마술피리 K. 620〉(1791)가 있다. 마지막 작품 〈마술피리〉의 초연은 귀족들이 관람하는 화려한 극장이 아니라, 장터에 세워진 민중 극장에서 이루어졌다. 〈마술피리〉는 반응이 무척 좋았고, 초연한 극장에서 100회 이상 연속 연주되었다. 그러나 애석하게도 모차르트는 이 작품이 상연된 지 두 달 남짓하여 갑자기 사망하였다.

- 모차르트의 〈피가로의 결혼〉, 〈돈조반니〉, 〈마술피리〉는 21세기인 오늘날까지도 세계에서 가장 사랑받는 '베스트 오페라 10'에서 항상 상위권을 유지하고 있다.

- 귀족계급에 대한 풍자와 도전의 내용이 들어 있는 〈피가로의 결혼〉 1막 중에서 '편지 듀엣'

〈피가로의 결혼〉 1막 중 '편지 듀엣'

- 전제군주로부터 자유를 찾고자 하는 민중의 소리가 내포되어 있는 〈마술피리〉 중에서 코믹 커플 '파파게노와 파파게나의 이중창'

'파파게노와 파파게나의 이중창'

## 〈마술피리〉 중 '밤의 여왕의 아리아'

〈마술피리〉는 이탈리아식 정통 오페라가 아니고, 연극에 노래가 삽입되어 있는 독일 민속극의 일종인 '징슈필(Singspiel)'이다. 제2막 8장에서 밤의 여왕이 열창하는 화려한 콜로라투라 아리아가 백미다. 프리메이슨 결사대를 탄압하는 마리아 테레지아 여왕을 상징하는 밤의 여왕이, 딸로 하여금 빈의 정신적 지도자 보른을 상징하는 빛의 지도자 자라스트로를 살해하도록 지시함으로써 여왕 자신의 복수를 이루고자 하는 내용의 아리아다. "지옥의 복수가 내 마음에서 끓어오른다! 죽음과 절망이 내 마음을 불태운다……."라고 노래한다.

오페라 〈마술피리〉 중
'밤의 여왕의 아리아'

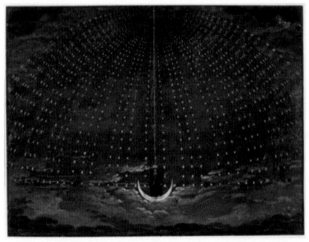

⑨ 밤의 여왕이 등장하는 장면의 무대 배경을 디자인한 그림(1815)

## 2) 교향곡

- 모차르트는 8세부터 교향곡을 작곡하기 시작하여 35세에 요절할 때까지 20여 년 동안 41곡의 교향곡 작품을 썼다. 모차르트의 교향곡 중에서 특별히 유명한 작품은 다음의 다섯 작품을 들 수 있다.

〈No. 35 D장조 K. 385, 하프너〉(1782), 〈No. 38 D장조 K. 504, 프라하〉(1786), 〈No. 39 E$^b$ 장조 K. 543〉(1788), 〈No. 40 G단조 K. 550〉(1788), 〈No. 41 C장조 K. 551, 주피터〉(1788)

음악 상식

### 〈교향곡 No. 40 G단조 K. 550〉

모차르트의 유일한 단조 교향곡인 〈교향곡 G단조〉는 그의 교향곡 중에서 유난히 표현적인 작품이다. 이 작품은 제2악장을 제외하고 1, 3, 4악장이 모두 G단조이다. 모차르트는 음울하고 비극적인 표현을 쓸 때 주로 G단조를 채택하였다. 그러나 그는 "음악은 가장 가혹한 상황에서도 음악다워야 한다."라는 고전주의의 미적 원칙을 놓지 않는다. 고뇌와 격정의 힘겨운 상황을 표현할지라도, 조화와 균형의 극치를 이루며 고전주의적인 완벽한 아름다움으로 승화시킨다. 특히 제1악장(소나타 형식)은 숨가쁘게 빠른 속도로 연주되는 단2도의 제1주제(소위 한숨의 동기)가 특히 인상적이다.

제1주제

〈교향곡 No. 40 G단조 K. 550〉

155

## 3) 관현악곡

- 모차르트가 활동하던 시기의 빈에서는 관현악곡이 행사 음악으로 많이 연주되었다. 예를 들면, 귀족들의 크고 작은 행사에서 축하곡으로 연주되었고, 관례적으로 대학에서 학기말에 학위를 받은 학생들이 작은 파티를 열어 수고하신 교수님들께 연주해 드리기도 했다. 연주 장소는 실내나 실외 어디서나 가능하였고, 모차르트 시대의 오락곡, 사교곡이라고 할 수 있다. 모차르트 역시 이러한 목적으로 사용되는 세레나데, 디베르티멘토, 댄스곡, 행진곡 등을 다수 작곡하였다. 악장 수는 6~7장 정도이며, 악기 편성은 관현악기일 수도 있고, 현악기만일 수도 있다.

⑩ 모차르트의 〈아이네 클라이네 나흐트무지크〉 친필 악보

- 〈아이네 클라이네 나흐트무지크(Eine Kleine Nachtmusik, G장조, K. 525)〉(1787) 작품은 모차르트가 31세였던 1787년에 작곡하였다. 〈아이네 클라이네 나흐트무지크〉를 직역하면 '작은 밤의 음악'이며, 세레나데에 속한다. 이 곡에 흐르는 생동감 넘치고 명쾌한 선율은 매우 친숙하게 다가오면서 듣는 이로 하여금 상쾌하고 유쾌한 저녁의 기분을 느끼게 한다. 바이올린2, 비올라, 첼로, 콘트라베이스로 악기 편성이 된 실내악곡이다.

〈아이네 클라이네 나흐트무지크〉

## 4) 솔로 콘체르토

• 모차르트 시대부터 기악곡 장르 중에서 솔로 콘체르토의 인기가 가장 높아졌다. 바흐 시대까지 유행했던 콘체르토 그로소에 대한 선호도는 18세기 중반을 넘으면서 식어 갔고, 솔로 콘체르토가 콘체르토 그로소의 자리를 대신하게 되었다. 비르투오소의 역량을 가진 독주자 한 명과 오케스트라가 협연하는 형태다. 독주 악기로는 피아노, 바이올린, 플루트, 오보에 등이 선호된다. 독주자는 온갖 기량을 다하여 오케스트라와 음색, 음량, 연주 기교 등을 대조시키면서 오케스트라와 함께 연주하기도 하고 서로 교대로 연주하기도 한다. 특히 1악장의 끝에는 솔리스트가 오케스트라 반주 없이 독주로 자신의 기량을 마음껏 뽐내는 부분인 카덴차(cadenza)를 연주한다. 모차르트 시대에는 카덴차를 즉흥으로 연주하였으나, 베토벤부터는 작곡가가 직접 써 넣었다. 하이든, 모차르트, 베토벤 시대까지는 솔리스트가 직접 지휘를 하면서 악기를 연주하였다.

• 솔로 콘체르토는 오늘날까지 가장 인기 있는 기악곡에 속한다. 모차르트 솔로 콘체르토의 1악장과 마지막 악장은 빠른 흐름과 솔리스트의 최고의 기교가 어우러져서 화려하게 펼쳐진다. 그 사이에 끼인 느린 속도의 2악장에서는 누구와도 견줄 수 없는 모차르트만의 아름답고 매혹적이며 고귀한 선율이 흐른다.

〈피아노 콘체르토 No. 24 C단조 K. 491〉(1786)
피아니스트 루돌프 부흐빈더(Rudolf Buchbinder, 1946~  )가 오케스트라를 직접 지휘하며 피아노 콘체르토를 연주하는 모습을 볼 수 있다.

〈피아노 콘체르토 No. 21 C장조 K. 467〉(1785)

모차르트는 27곡의 피아노 콘체르토를 작곡하였다. 모두 그가 직접 연주하기 위해서 작곡한 작품들이다.

이 곡 역시 모차르트가 초연하였다. 행진곡풍으로 시작하는 제1악장과 흥분되고 화려한 분위기의 제3악장, 그 사이에 연주되는 제2악장은 천천히 노래하듯이 꿈결같이 아름다운 선율을 펼친다. 제2악장은 특히 영화음악이나 팝송으로 편곡되어 전 세계적으로 널리 알려져 있다.

〈클라리넷 콘체르토 A장조 K. 622〉(1791) 전곡. 아른구누르 아르나도티르(Arngunnur Árnadóttir, 1987~ )의 연주.

⑪ 아른구누르 아르나도티르가 모차르트 클라리넷 콘체르토를 연주하는 모습

〈클라리넷 콘체르토 A장조 K. 622〉(1791) 중 2악장.  마틴 프뢰스트(Martin Fröst, 1970~   )가 오케스트라를 직접 지휘하며 클라리넷을 연주한다.

모차르트가 사망하던 해에 작곡한 그의 마지막 콘체르토 작품이자 마지막 기악작품이다. 또한 유일한 클라리넷 콘체르토이기도 하다.  클라리넷의  최저음과 고음 음역에서 발산하는 서로 다른 음색의 매력이 잘 표현되는 더할 수 없이 아름다운 작품이다. 특히 제2악장은 영화음악으로도 사용되어 전 세계적으로 유명하다.

## 5) 피아노 소나타

• 모차르트의 피아노 소나타는 작은 손으로도 연주가 가능하므로 어린 학생들이 피아노를 공부하는 과정에 많이 다룬다. 그러나 모차르트의 피아노 소나타를 전문적으로 잘 연주하기는 무척 어렵기 때문에 기성 피아니스트들이 연주 레퍼토리로 선택하는 경우가 드물다. 연주자가 모차르트의 피아노 소나타답게 연주한다는 것이 얼마나 어려울지는 다음에 소개하는 곡들을 들어 보아도 느낄 수 있다. 연주가 활발치 않으므로 대중적인 사랑을 받는 곡 역시 드문 가운데, 이 곡들은 한 악장씩만 전 세계적으로 사랑받고 있다.

〈피아노 소나타 No 11, A장조 K. 331〉 (1783년경) 중 3악장 '터키 진행곡'
모차르트는 이 소나타의 3악장에 '터키 음악스타일로(alla turca)'라고 적어 놓았고, 일반적으로 '터키 행진곡' 또는 '터키 론도'라고 부른다. 모차르트 시대에 유행하던 터키 군악대 밴드 음악을 모방한 것이다. 'A-B-C-D-E-C-A-B-C-coda'의 론도 형식이다.

〈피아노 소나타 No 16, C장조 K. 545, Sonata facile〉 (1788) 중 1악장
모차르트는 이 소나타를 초보자를 위한 작품이라고 하였고, '쉬운 소나타' 또는 '단순한 소나타(Sonata Facile 또는 Sonata Semplice)'라는 애칭으로도 불린다. 피아노를 공부하는 어린 학생들이 반드시 거치는 작품이다.

## 6) 교회음악

• 모차르트는 가톨릭교회 신자로서 60곡 이상의 교회음악 작품을 남겼다.

〈엑술타테, 유빌라테(Exsultate, Jubilate) K. 165〉(1773), 〈대관식 미사(Coronation Mass) C장조 K. 317〉
(1779), 〈레퀴엠(Requiem) D단조 K. 626〉(1791)

 〈엑술타테, 유빌라테〉 중 '알렐루야', 보이 소프라노의 연주

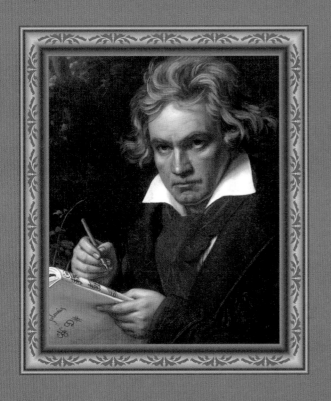

# 9

# 베토벤의 교향곡,
# 낭만주의 시대를 열다

# 베토벤(Ludwig van Beethoven, 1770~1827)

① 베토벤의 자필 악보

② 모차르트의 자필 악보

베토벤은 작곡 기간이 길어서 한 곡을 작곡하는 데에 10년 이상이 걸린 예도 흔하다. 자신의 마음에 들 때까지 수정을 거듭하였다. 모차르트의 자필 악보가 마치 사본처럼 깨끗한 것과 비교된다.

# I. 하이든과 모차르트의 시대는 지나다

## 1. 동시대 유럽의 정치, 문화의 흐름
### – 고전주의에서 낭만주의로

- 음악에서 고전주의는 1780년대 즈음부터 1800년대 초반까지의 기간에 성행했던 사조다. 고전주의의 특징은 감성과 이성의 두 양극이 어느 한쪽으로 치우치지 않고 균형을 이루는 것이다.

- 고전주의는 만인의 모범이 되는 완전하고 완벽한 불멸의 작품을 목표로 한다. 완전성, 완벽성은 형식미가 뒷받침되어야 가능한 것이므로, 훌륭한 인간, 완벽한 작품의 완성은 오로지 훌륭한 교육을 통해서 가능하다고 믿었다. 그러나 1789년 프랑스 혁명 이후 전통적으로 신봉하여 온 이성, 지성, 합리주의가 무너지기 시작하였다.

③ 바스티유 감옥 습격(1789)

# 2. 낭만 정신, 낭만주의 시대로

- 1760년대의 영국 산업혁명과 1789년에서 1794년에 걸친 프랑스 혁명의 여파로 인하여 귀족이든 평민이든 인간이라면 누구나 삶의 고통을 뼈저리게 느끼게 되었다.

- 사람들은 고전주의 시대에 굳게 믿었던 훌륭한 교육의 완전함에 대하여 의구심을 품게 되었다. 이 세상에 완전한 것은 없다. 완전한 인간도, 완전한 예술도……. 이 세상의 모든 것은 미완성일 수밖에 없다고 여기게 됨으로써 이 문제를 어떤 방법으로 극복해야 할지가 과제로써 수면 위로 떠올랐다.

- 사람들은 외면의 완벽함에 대한 집착보다 인간의 내면세계를 더 귀하게 생각하기 시작했다. 개인의 직관과 감성, 개인의 상상력과 환상이 도리어 더 진리일 수 있고 더 진실일 수 있다고 여기게 되었다.

- 낭만주의 예술의 기본 기조는 불쾌한 현실로부터 도피하고 싶고, 현실에 없는 아름다운 세계를 끝없이 동경하는 데서 비롯된다. 그래서 낭만주

④ 〈민중을 이끄는 자유의 여신〉
들라크루아(Eugène Delacroix, 1798∼1863) 작품

의 예술을 '동경(憧憬)의 예술'이라고 부르기도 한다.  그러나 이상과 현실의 괴리는 클 수밖에 없으므로  꿈속의 행복은 더 달콤하였고 현실은 더 괴롭고 고통스러웠다.

- 낭만주의 예술가들은 자신의 내면으로부터 올라오는 진실되고 순수한 감성을 표현하는 데 집중하다 보니, 고전주의 시대에 지켰던 형식미와 균형미 등이 자연스레 느슨해지게 되었다.

# 1. 고향 본(Bonn)과 초기 빈(Wien) 시대(1802년까지)
## – 개성을 모색하던 시기

### 1) 고향 본에서

• 7세에 피아노 공개 연주회를 가졌다. 궁정 테너 가수였던 베토벤의 부친이 엄한 조기교육을 시켰다. 모차르트에는 못 미쳤으나 신동에 가까운 실력을 가졌었다고 한다.

• 12세부터 궁정 오르가니스트로 임용되어 직업 음악가의 길로 접어들었고, 쳄발로, 비올라도 연주하였다.

⑤ 아빠의 무릎 위에 앉아서 피아노를 배우는 베토벤

⑥ 13세의 베토벤

## 2) 초기 빈 시대(22~32세)

• 빈으로 이주하여 하이든과 살리에리(Antonio Salieri, 1750~1825)로부터 교육을 받았다.

• 작품 경향은 아직 하이든과 모차르트의 영향 밑에 있었고, 이 시기에 〈교향곡 1번 C장조 Op. 21〉(1795), 〈교향곡 2번 D장조 Op. 36〉(1801~1802)을 작곡하였다.

• 빈 음악계에서 20대의 젊은 피아노 비르투오소로서 성공하였다.

• 30세부터 귓병이 발병하기 시작하였다. 베토벤은 크게 상심하여 '하일리겐슈타트 유언장'을 작성(1802)하였다.

⑦ 빈에 도착하여 활동을 시작한 20대의 베토벤은 빈 사회에서
비르투오소 피아니스트로서 또 장래 유망한 작곡가로서 인기가 높았다.

# 교향곡 외 초기 시대의 특별히 유명한 곡

---

• 피아노 소나타

〈No.8 C단조 Op.13, 비창(Pathétique)〉(1798)

〈No.14 C#단조 Op. 27, 월광(Mondschein)〉(1802)

• 바이올린 소나타

〈No.5 F 장조 Op. 24, 봄(Frühling)〉(1801)

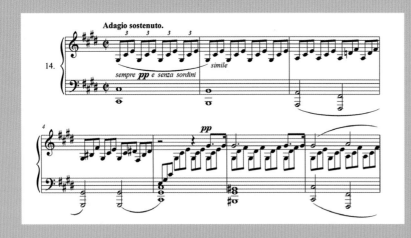

〈월광 소나타〉 1악장 악보

'환상곡풍(quasi una fantasia)'이라고 베토벤이 곡 앞머리에 써넣었다. 1악장이 마치 즉흥적으로 연주하는 느린 속도의 전주곡인 듯하다. 소나타는 당연히 전통적인 소나타 알레그로 형식으로 시작하여야 한다는 소나타 형식의 고정관념을 깬 매우 신선한 시도다. 〈월광 소나타〉라고 이름 붙은 것은 베토벤의 사후 5년이 되던 해에 시인이자 음악 비평가인 렐스타프(Ludwig Rellstab)가 "1악장이 뤼체른 호수를 비추는 달빛 같다."라고 평론(1860)한 데서 유래한다.

# 하일리겐슈타트 유언장

나의 동생 칼과 요한에게


세상 사람들은 내가 공격적이고 고집이 세고 비사교적이라고 비난하는데, 그건 오해다. 그들은 속사정은 모르면서 겉으로 드러나는 것만으로 평가하지.  나는 약 6년 전부터 많이 힘들었다. 해가 지날수록 더 심해지고 있어. 회복될 때까지 수년이 걸릴 수도 있고 아니면 불치의 병이 될 것 같다. 내가 원래는 열정적이며 활동적인 성격이지만, 나 스스로 사람들을 멀리하게 되어 점점 고독해지고 있지. 모든 것으로부터 떠나 버리고 싶은 심정이다. 오, 귀가 안 들린다는 것은 정말 괴롭고 슬프구나. 사람들 사이에서 위안받으며, 함께 대화하고, 서로 마음을 털어놓는 것이 내게는 이제 불가능하단다. 귀 때문에 내 본래의 천성이 거의 역행되고 있지. 사람들에게 가까이 갈 기회를 거의 대부분 막아 버리고 있어. 내 옆 사람은 멀리서 들려오는 플루트 소리를 듣는데 나는 못 듣거나, 다른 이는 목동의 노랫소리를 듣고 있는데 내게는 아무 소리도 들리지 않았을 때 얼마나 굴욕적이었는지 모른다. 그럴 때 죽고 싶더구나. 그러나 오로지 예술, 예술만이 내 마음을 붙잡아 주고 있다. 아, 예술은 나에게 흥분을 느끼게 해주고, 내가 죽지 못하게 하며, 이 가련한 생을 이어 나가게 하고 있다. '인내.' 내게는 인내가 있다. 희망을 가지고 무정한 여신의 마음에 들 때까지, 그녀가 운명의 실타래를 끊어 놓을 때까지, 오래 참고 견디리라. 오, 사람들이 후에 이 글을 읽는다면, 그들은 내가 자연의 온갖 훼방에도 불구하고, 존경받는 예술가로서 그리고 존경받는 인간으로서 최선을 다한 사람이라는 것을 깨닫고 위안받게 되리라.


나의 동생 칼과 요한, 내가 죽으면 곧바로 슈미트 교수에게 내 이름을 말해라. 그러면 진단서를 써 줄거야. 여기 이 글은 병 일지로 사용해라. 그리하면 적어도 내가 죽은 뒤에는 세상이 나와 화해하게 될 테니까. 이제 너희에게 여기 얼마 안 되는 재산에 대해 상속 문제를 말하겠다. 나로서는 공정하게 나누었으나 서로 조정하도록 해라. 서둘러서 다가오는 죽음을 기쁨으로 맞으리

라. 내가 예상했던 것보다 죽음은 빨리 다가오는구나. 그러나 나는 좀 더 나중이기를 바랐다. 아직 나의 예술적 능력은 피어 있으나 가혹한 운명은 너무 빨리 오는구나. 그럼에도 불구하고 끝없는 고통을 죽음이 해방시켜 줄 것에 대해 기뻐해야 할까? 오라, 언제라도, 나는 너에게 용기 있게 다가가리라. 잘 살아라. 그리고 내가 너희를 위해서 돈을 벌었고 생전에 너희를 기쁘게 하려고 많이 노력했다는 것을 내가 죽더라도 모두 잊지는 말기 바란다. 이상이다.

루드비히 반 베토벤
하일리겐슈타트 1802년 10월 6일

⑧ 베토벤의 하일리겐슈타트 유언장

⑨ 베토벤의 보청기

⑩ 빈 외곽 하일리겐슈타트에 위치한 베토벤이 기거했던
다세대주택. 왼쪽 건물의 계단 위에 출입구가 있다.
현재 베토벤 기념관으로 운영되고 있다.

## 2. 중기 빈 시대(30대, 1803~1812년)
### – 뚜렷한 개성과 낭만 정신

- 베토벤의 귓병은 점점 더 심해지고 있었고, 앞으로 귀머거리가 될 것이라는 것을 인정하여야만 했다. 이러한 역경 속에서 베토벤은 자신만의 뚜렷한 개성을 보여 주는 그의 대표적인 걸작들을 쏟아 내었다.

- 이 시기에 교향곡 3번부터 8번까지 발표가 되었으며, 이 중에서도 〈No. 3 E♭장조, Op. 55, 영웅〉(1803~1804), 〈No. 5 C단조, Op. 67, 운명〉(1804~1808), 〈No. 6 F장조, Op. 68, 전원〉(1808)이 세계적으로 큰 사랑을 받고 있다.

⑪ 33세의 베토벤

- 특히 〈No. 6 전원 〉에 낭만주의적 성향이 크게 나타난다. 교향곡은 절대음악 (absolute music)으로서 고전주의적인 형식미가 가장 핵심이다. 그러나 베토벤 은 전원에서 느껴지는 내면세계의 표현으로 주의를 환기시킴으로써 낭만주의적 성향을 보여 준다. 뿐만 아니라 베 토벤이 직접 표제를 붙였으므로 절대음악의 상징인 교향곡이 절대음악에서 벗어나는 경향으로 향했다.

- 베토벤의 오케스트라는 하이든, 모차르트 시대의 악기 편성에 없었던 피콜로, 콘트라바순, 트롬본, 트라이앵글, 심 벌즈, 큰북을 추가 편성하여 내면의 표현을 더 효과적으로 나타내었다. 한편 큰 음악회장이 아닌 실내의 연주를 위 해서는 악기의 숫자를 축소하여 실내악으로 연주하였다.

# 베토벤이 자신의 불멸의 연인에게 부치지 못한 연서

베토벤은 57년의 생애를 독신으로 지냈다. 그러나 그는 내면에 대단한 열정을 품고 있는 인물이었다. 그가 모든 역경을 이겨 내고 위대한 음악가로 최후의 승리를 거둘 수 있었던 것은 그의 마음속에 항상 존재하는 생명력, 사랑, 음악을 향한 꺼지지 않는 불꽃들이 활활 타고 있었기 때문으로 여겨진다. 베토벤의 이러한 단면을 발견할 수 있는 그의 연서가 있다. 베토벤 사후에 서랍에서 발견된 이 연서에는 수신인의 이름이나 주소가 없고, 단지 '불멸의 연인에게(Unsterbliche Geliebte)'라고만 겉봉에 쓰여 있었다.

**7월 6일 아침에**(1801년 7월 6일)
나의 천사, 나의 모든 것, 나 자신과 같은 당신. 어째서 이렇게 심한 비통함을 말해야만 하는지? 우리는 사랑을 희생해야만 하며, 아무것도 바라면 안 되는 것일까? 당신은 오로지 나의 것이며 나는 오로지 당신의 것이라는 점이 어떻게 달라질 수 있을까요?
당신의 충실한 루드비히

**7월 6일 월요일 저녁에**
(내 편지를 못 받아서) 걱정하고 있을 것 같군요. 나의 가장 귀중한 존재. 당신이 아마도 토요일쯤에야 내 편지를 받을 수 있을 것 같아서 애가 탑니다.
아, 당신과 함께 있다면, 나와 함께 있고 그리고 내가 당신에게 당신과 함께 살 수 있다고 말할 수 있다면, 그런 삶! 그렇게! 당신 없이는
내 앞에서 사라지면 안 되오.

잘 자요. 이제 자야 할 것 같소.

운명이 우리의 편일지 모르지만, 당신에게 날아갈 수 있을 때까지 그리고 당신과 영원히 함께할 수 있을 때까지, 멀리서 계속 방랑하기로 결심했소.
오, 하느님, 이렇게 사랑하는데 왜 헤어져 있게 하셔야만 하는지. 나의 삶은 언제나 힘겹군요.
당신의 사랑은 나를 가장 행복하게도 하고 동시에 가장 불행하게도 합니다.
-진정해요,- 사랑해 주오.-오늘-어제- 눈물과 함께하는 당신을 향한 그리움 – 당신에게- 당신에게- 나의 삶-
나의 모든 것, 잘 있어요- 오, 계속 사랑해 주오-당신의 연인의 가장 성실한 마음을 오해하면 절대로 안 되오.

영원한 당신의 영원한 나의 영원한 우리들

베토벤이 교제했던 여인들은 10명 정도로 추정되나, 이 두 명이 가장 가까웠던 여인들이었던 것으로 밝혀졌다. 베토벤 사후에 그의 서랍에서 발견된 연서 '불멸의 연인에게(Unsterbliche Geliebte)'의 수신인 역시 이 두 여인 중의 한 사람으로 추정된다.

안토니 브렌타노(Antonie
Brentano, 1780~1869)

요세피네 브룬스비크(Josephine
Brunsvik, 1779~1821)

〈교향곡 No. 3, 영웅〉
이 교향곡은 본래 나폴레옹에게 헌정하려고 했으나 그가 스스로 황제로 즉위했다는 소식을 듣고 실망하여 그 계획을 파기했다. 그는 '보나파르트(Bonaparte)'라고 썼던 겉표지를 찢어 버렸고, 2년 후에 '신포니아 에로이카(Sinfonia Eroica)'라는 이름으로 출판하였다.

〈교향곡 No. 5, 운명〉
이 교향곡은 클래식 음악을 대표한다고 할 만큼 대단히 유명하며 전 세계적으로 가장 자주 연주되는 작품이다. 초연은 1808년 빈에서 베토벤의 지휘로 연주되었다. 베토벤이 네 개의 음표로 이루어진 제1악장의 제1주제에 대하여 그의 제자 쉰들러에게 "운명은 이와 같이 문을 두드린다."라고 말했다고 전해지면서 〈운명 교향곡〉이라고 불리게 되었다. 이 유명한 '운명의 동기'는 1악장 전체를 지배하고, 3악장과 4악장에서도 등장하여 전곡을 통일하는 중심적인 역할을 수행한다. 3악장과 4악장은 쉬지 않고 계속 연주된다(attacca). 그리고 C단조로 시작한 제1악장이 마지막 악장인 제4악장에서 C장조로 맺어짐으로써, 드디어 운명을 극복한 것에 대한 벅찬 기분을 느낀다.

〈교향곡 No. 6, 전원〉
교향곡 6번 〈전원〉에 베토벤은 각 악장마다 하나하나 직접 표제를 적어 놓았다. 제1악장에는 '전원에 도착하여 즐거운 마음', 제2악장에는 '시냇가 장면', 제3악장에는 '농부들의 유쾌한 모임', 제4악장에는 '번개, 폭풍우', 제5악장에는 '목동들의 노래, 폭풍우가 걷힌 후 기쁨과 감사의 마음'이라고 적혀 있다. 절대음악을 대표하는 교향곡에 표제를 달아 놓음으로써 내면세계의 표현을 중하게 여기는 낭만주의적 성향으로 한 걸음 내딛고 있음을 보인다. 또한 피콜로 등 종래의 교향곡에는 쓰이지 않던 악기가 첨가되었다.

# 교향곡 외 중기 시대의 특별히 유명한 곡

 〈피아노 소나타  No. 23 F단조 Op. 57, 열정(Appassionata)〉 (1804~1805) 중 3악장

 〈바이올린 소나타 No. 9 A장조 Op. 47, 크로이처(Kreutzer)〉 (1802)

 〈피아노 협주곡 No. 5, E♭장조 Op. 73, 황제(Emperor)〉 (1809)

 〈Bagatelle No. 25, A단조 WoO59, Bia 515; 엘리제를 위하여(Für Elise)〉 (1810)

# 3. 후기 빈 시대(40대, 1813년 이후)
## – 본격적 낭만 정신 돌입

---

- 40대 초반인 3기의 시작 무렵에는 〈전쟁 교향곡(Wellingtons Sieg A단조 Op. 91)〉(1813), 연가곡 〈멀리 있는 연인에게(An die ferne Geliebte Op. 98)〉(1816) 등 대중적인 작품들도 작곡하였다. 아마도 사랑하는 여인을 위하여 경제력이 필요했던 듯하다.

⑫ 45세의 베토벤

- 베토벤의 귓병은 점점 더 악화되어 필답으로 의사소통을 하였으며, 사망 전 해인 1826년부터는 전혀 듣지 못하였다.

- 베토벤은 말년으로 접어들수록 자신이 겪어 온 인생의 고통 그리고 드디어 닥쳐온 귀머거리 작곡가로서의 괴로움과 절망감을 강한 의지로 극복함으로써 가슴 깊숙한 곳으로부터 올라오는 참 기쁨의 희열을 알게 되었다. 그리하여 그는 자신의 작품에 내면세계의 표출을 더 비중 있게 다루게 되었고, 따라서 더 이상 고전주의적인 형식의 틀에 가두어 둘 수 없는 벅참으로 인해서 낭만주의로 돌입하였다. 대표적인 예로 절대음악인 교향곡에 인성을 도입한 〈교향곡 No. 9 D단조 Op. 125, 합창〉(1822~1824)이 있다.

# 〈교향곡 No. 9, 합창〉 중 4악장

• 〈교향곡 No. 9, 합창〉

베토벤은 〈교향곡 9번〉이 완성되기 약 30년 전부터 이미 실러(Johann Christoph Friedrich von Schiller, 1759~1805)의 시 〈환희의 송가〉에 대하여 관심을 가졌고, 그것이 그의 편지나 작곡 스케치북에 나타나고 있다. 20대부터 시작하여 생애의 말년을 바라보는 시기까지에 걸쳐서 작곡된 〈교향곡 9번〉은 음악적으로 그리고 정신적으로 최고의 경지에 다다른 베토벤의 교향곡적 역량을 보여 준다. 제1악장, 제2악장, 제3악장이 튼튼하게 뒷받침되면서, 제3악장에서 쉬지 않고 벅찬 감동의 제4악장으로 이어진다. 제4악장은 기본 조성인 D단조로 시작하나 '환희의 송가'로 이어지는 부분에서 D장조로 변화한다. 이윽고 4명의 솔리스트와 대규모 합창이 절대음악의 상징인 교향곡에 합세함으로써 관중에게 큰 충격과 큰 감동을 선사하였고 전 세계적으로 대단한 사랑을 받게 되었다. 1824년 빈의 케른트네르 극장에서 베토벤 자신의 지휘로 초연되었다[실질적으로는 움라우프(M.Umlauf)의 지휘].

베토벤의 최후의 교향곡인 9번이 주는 메시지는 고통과 극복 그리고 환희다. 이를 표현하기 위하여 베토벤은 기악곡의 대표 장르이자 절대음악의 상징인 교향곡에 소프라노, 알토, 테너, 바리톤으로 구성된 4명의 솔리스트와 혼성 4부 합창이 웅장하게 연주하는 성악을 융합하여 표현의 극대화를 이루었다. 형식보다 정서 표현이 앞서는 이 작품으로 베토벤은 낭만주의의 문을 확실하게 열었다.

• 환희의 송가

"환희여, 신의 아름다운 섬광, 낙원의 처녀여, 우리들은 황홀감에 취해서 천국의 당신 성전에 발을 들여놓는다. 그대의 온유한 날개가 머무는 곳에 모든 인간은 형제가 되도다. …… 백만 인이여 서로 껴안아라! 전 세계의 입맞춤을 받아라! 형제여! 별들의 저편 위에 사랑하는 하느님이 계시도다. 백만 인이여 무릎을 꿇었는가? 세상 사람들이여, 창조주가 계심을 느끼는가? 별들의 저편 위에 계시는 하느님을 찾아라! 별들의 저편 위에 하느님은 반드시 계신다."

⑬ 영화 '카핑 베토벤'에서 〈교향곡 No. 9, 합창〉 연주 장면

• 교향곡 외 후기 시대의 특별히 유명한 곡

 〈전쟁 교향곡(Wellingtons Sieg),
A단조 Op. 91〉(1804)

 〈디아벨리 변주곡(Diabelli Variations),
Op. 120〉(1819)

# 베토벤이 남긴 작품

- 오페라 작품 1곡
- 발레 작품 1곡
- 교향곡 작품 9곡
- 피아노 콘체르토 작품 5곡
- 바이올린 콘체르토 작품 1곡
- 피아노 소나타 작품 32곡
- 실내악곡(이 중에서 현악 4중주 16곡)
- 미사곡 2곡
- 합창이나 오케스트라를 위한 작품
- 독일 가곡

⑭ 베토벤은 주로 점심 식사 후에 빈 숲을 산책할 때 작품에 대한
영감이 떠올랐다고 한다.

⑮ 베토벤의 생전에 제작되었던
마스크를 토대로 제작한 조각상

제4부

# 낭만주의 시대

# 10

# 성격 소곡과 독일 가곡
## −19세기 예술 애호가들의 음악 사랑

① 19세기의 음악 살롱 풍경

# 1. 19세기 살롱 문화

- '살롱(salon) 문화'는 프랑스에서 시작되어 전 유럽으로 확산되었고, 17세기부터 20세기 중반까지 지속되었다. 귀족 살롱에서 시작하여 19세기에는 도시 중산층으로 확산되었다.

- 살롱은 일종의 교양 있는 인사들의 사교 모임으로, 독서 모임, 미술 전시, 음악 연주 및 감상 등이 이루어졌다. 개인 저택의 거실에서 모임을 가지며, 우리나라의 동호회와 비슷한 성격이다. 살롱에서는 여성이 중심적인 역할을 하는 경우가 많았다.

② 19세기 살롱의 풍경

# 2. 비더마이어 시대의 음악 살롱

- '비더마이어(Biedermeier)'는 19세기 초, 중반에 독일 문화권의 중산층 시민들 사이에 유행했던 비정치적이며, 약간 고상한 체하는 속물적인 속성도 가지고 있는 문화 또는 사조다. 살롱 성격을 띠고 있으나 조금 더 서민적이다.

- 비더마이어 음악은 19세기 초, 중반에 독일 문화권을 중심으로 성행하였다. 이 시대의 음악가들은 음악회장에서 열리는 정식 연주회 외에도, 개인 저택의 거실에서 친지들과 어울리며 연주도 하는 음악 살롱에 즐겨 함께했다. 이러한 독특한 분위기의 연주 환경에서 탄생한 음악 장르로는 이 시대의 대가들이 작곡한 무드 있는 소품인 '성격 소곡(character piece)'과 독일 최고 낭만 서정 시인들의 시를 노랫말로 하는 '독일 가곡(Lied)'이 대표적이다. 악기로는 피아노가 독주 악기와 반주 악기로 가장 사랑을 받았다.

- 슈베르트(Franz Peter Schubert, 1797~1828), 멘델스존, 슈만, 브람스(Johannes Brahms, 1833~1897), 쇼팽(Frédérie François Chopin, 1810~1849), 리스트(Franz Liszt, 1811~1886) 등은 이 시대 살롱의 총아들로서 자신의 음악을 좋아하는 음악 애호가 및 동료 예술가들과 함께 어울리는 것을 무척 좋아했다. 그들은 개인적으로 자신이 경험했던 또는 현재 경험하고 있는, 이 세상에 단 한 번밖에 없을 것 같은 매우 진기한 일이나 심정에 대하여 음악으로 고백하였다. 감상자들은 작곡가의 기쁨과 슬픔 그리고 고통을 음악을 통하여 가슴으로 깊이 공감하며 감상하였다.

- 비더마이어 음악은 음악의 형식이나 규칙 등에 대해 이해하려고 노력할 필요가 거의 없다. 작곡가 자신도 자신의 마음의 상태를 전하는 것이 가장 큰 목적이었으므로, 감상자도 음악의 흐름에 마음과 몸을 맡기고 작곡가가 느꼈던 감정 속으로 빠져 들어가면 되기 때문이다.

# 슈베르트의 음악 살롱 활동 '슈베르티아데(Schubertiade)'

③

④

일종의 슈베르트 팬클럽이라고 할 수 있는 '슈베르티아데'는 성악가, 시인, 화가 등 예술가들의 모임이다.
그들은 거의 매일 밤 모여서 음악을 연주하고 감상하며, 문학을 논하고, 춤을 추었다. 슈베르트의 수많은 신작이 여기에서 발표되었다.

# 멘델스존의 가정 음악과 음악 살롱 활동

⑤ 멘델스존이 네 살 위의 누나(Fanny)와 음악을 즐기고 있다.
누나 또한 음악에 큰 재능이 있었으나, 대외 활동은 하지 않았다.

⑥ 멘델스존이 영국 빅토리아 여왕(Victoria) 앞에서
연주하고 있다.

# 쇼팽의 음악 살롱 활동

⑦ 폴란드의 라치빌 왕자(Antoni Radziwill) 살롱에서 연주하는 쇼팽.
파리에 정착한 후 쇼팽은 콘서트홀 연주보다 살롱 연주를 더 즐겨 했다.

# 리스트의 음악 살롱 활동

⑧ 요세프 대왕(Joseph) 앞에서 연주하는 리스트

⑨ 친지에 둘러싸여 연주하는 리스트(1840년경)

# 요한 슈트라우스 2세의 음악 살롱 활동

⑩ 요한 슈트라우스 2세(J. Strauss, 1825~1899)의 음악 살롱활동

## 1. 19세기의 중심 악기 피아노

- 피아노는 이탈리아인 크리스토포리(Bartolomeo Cristofori di Francesco, 1655~1731)에 의해서 18세기 초에 '작은 소리와 큰 소리가 나는 쳄발로(gravicembalo col piano e forte)'란 명칭으로 발명되었다. 그러나 악기의 결함으로 인하여 바흐 시대까지는 상용되지 않았다. 그 후 꾸준한 악기 개량을 거듭하여 18세기 후반부터는 쳄발로의 수요를 앞지르기 시작했다.

- 19세기에 들어서면서부터 피아노는 가장 대중적인 악기가 되었다. 음악가의 연주회용 악기일 뿐 아니라, 일반 가정 악기로도 널리 보급되었다. 여성들의 필수 교양 악기였으며, 남성도 즐겨 연주하였다. 베토벤, 체르니(Karl Czerny, 1791~1857), 쇼팽, 리스트 등 19세기에 활동했던 유명 음악가들은 지체 높은 부인과 아가씨들의 피아노 개인교수를 하여 상당한 수입을 올릴 수 있었다.

- 19세기에는 유명 피아니스트 출신들이 직접 피아노 제작 공장을 경영함으로써 좋은 음질 및 음량을 갖춘 품질이 좋은 고급 피아노 개발에 힘썼다. 플레이엘(Ignaz Josef Pleyel, 1757~1831)과 클레멘티(Muzio Clementi, 1752~1832)가 그 대표적인 예다. 1790~1860년 사이에 피아노 개량은 큰 발전을 보였고, 쇼팽과 리스트의 시대부터는 현재의 피아노와 흡사해진다.

① 피아노 액션 구조 중 해머. 해머로 현을 때려서 소리가 난다.

⑫　　　　　　　⑬

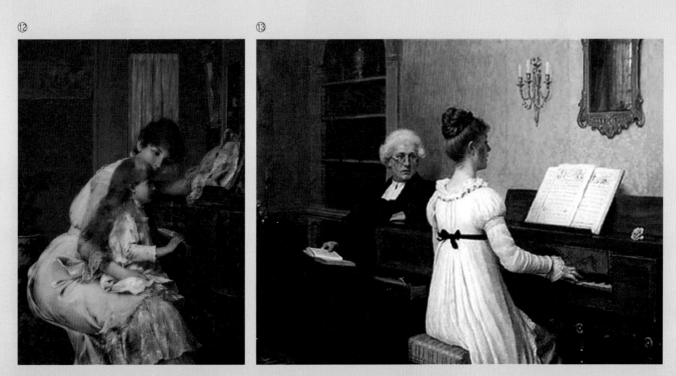

19세기 가정에서 피아노 개인 수업을 받는 모습

⑭ 호화스러운 피라미드형 피아노　　⑮ 시계를 부착한 피라미드형 피아노　　　괴테가 소유했던 피라미드형 피아노

19세기 초반에 일반 가정용으로 출시된 가구 형태의 업라이트 피아노

⑯ 19세기 후반 브람스가 피아노 연주를 하는 캐리커처. 오늘날의 피아노 모습과 같다.

# 2. 성격 소곡과 독일 가곡의 융성

19세기의 대가들에 의해 음악 살롱을 중심으로 꽃이 핀 '성격 소곡'과 '독일 가곡'은 형식이나 연주 기교보다도 작곡가 자신의 내면세계의 표현을 더 중시했다.

슈베르트     멘델스존     슈만

리스트     브람스     쇼팽

19세기의 성격 소곡과 독일 가곡의 대가들

## 1) 성격 소곡(Character piece)
### - 대가들의 분위기가 있는 작은 규모의 작품. 시적인 음악!

• 슈베르트, 멘델스존, 슈만, 브람스, 쇼팽과 같은 대가들이 어느 특별한 순간에 다가온 아름답고 기이한 낭만주의적 정감을 선율에 가득 실어서 전하는 소품이다. 형식은 자유이며, 자신의 개인적인 특별한 느낌을 자신을 이해하고 있는 친지들과 서로 공유하기 위한 짧은 길이의 작품이다.

• 성격 소곡은 단 한 곡 또는 몇 곡씩 한 묶음으로 구성되어 있으며, 대부분의 작품에는 악곡의 형식 이름 또는 작품의 이미지를 느끼게 하는 시적인 표제가 붙어 있다.

• 성격 소곡은 친지들이 개인 집 거실에서 모임을 가지며 연주하는 살롱 음악의 성격을 가지고 있다. 큰 무대에서 고도의 연주 기술과 강한 감정 표현으로 갈채를 유도하는 콘서트용 음악과는 성격이 다르다. 그러나 성격 소곡에는 낭만주의 시대 최고 작곡가들의 내공이 녹아 있어서 노련한 연주가일수록 더 깊은 맛을 낼 수 있는 것이 묘미다.

• 특별히 더 유명한 성격 소곡
① 슈베르트: 〈즉흥곡(Impromptus) Op. 90 No. 3〉(1827), 〈악흥의 한때(Six moments musicaux) Op. 94〉(1828)
② 멘델스존: 〈노랫말 없는 노래(Lieder ohne Worte)〉(1829~1845)
③ 슈만: 〈어린이의 정경(Kinderszenen) Op. 15〉(1838), 〈크라이슬레리아나(Kreisleriana) Op. 16〉(1838), 〈카니발(Carnaval) Op. 9〉(1834~1835)

④ 브람스: 〈간주곡(Intermezzo), Op. 118 No. 2〉(1893)

⑤ 쇼팽: 〈발라드(Ballade)〉(1831~1842), 〈녹턴(Nocturnes)〉(1827~1846), 〈폴로네이즈(Polonaises)〉 (1817~1846), 〈마주르카(Mazurkas)〉(1825~1849), 〈바르카롤레(Barcarolle) Op. 60〉(1845~1846)

⑥ 리스트: 〈사랑의 꿈 Liebesträume〉(1850), 〈헌정(Widmung)〉(1848) 등의 가곡 편곡 작품들과 오페라 편곡 작품들 그리고 다수의 피아노 소품

⑰ 슈베르트가 슈베르티아데에게 피아노 연주를 해 주고 있다.
모두 그의 피아노 음악을 가슴으로 받아들이는 모습이다.
슈베르트는 아마도 깊은 정감을 전해 주는 성격 소곡을 연주하고 있는 듯하다.

# 특별히 더 유명한 성격 소곡 중에서

성격 소곡은 기악으로 연주하는 시다. 작곡가들이 써넣은 표제는 듣는 이에게 그러한 방향으로 시적인 기분을 살짝 건드려 주려는 의도였을 뿐 참고해 주기를 바라는 정도다. 감상자는 굳이 음악과 어떤 구체적인 이야기를 연관시키려 하지 않고, 우선적으로 무조건 음악에 취하면서 자연스럽게 정감을 느껴 간다.

 슈베르트 〈즉흥곡(Impromtu) G♭장조 Op. 90 No. 3〉(1827)

 슈만 〈어린이의 정경〉 중 〈트로이메라이 (Träumerei) F장조 Op. 15 No. 7〉(1838)

 쇼팽 〈녹턴(Nocturne) E♭장조 Op. 9 No. 2〉 (1830~1832)

 리스트 〈사랑의 꿈(Liebesträum) A♭장조 S. 541/ R. 211 No. 3〉(1850)

 리스트-슈만 〈헌정(Widmung) A♭장조〉(1848)

## 2) 독일 가곡(Lied, Kunstlied)

• 독일 가곡은 19세기 낭만주의 시대의 비더마이어 문화 아래서 최고의 전성기를 누렸다.

• 슈베르트, 슈만, 브람스 등은 당시 최고의 낭만 서정 시인들의 시들 중에서 자신의 심정에 완전 부합하는 시를 노랫 말로 선택하여 온 마음을 기울여 작곡하였다. 서로 잘 알고 있는 친구들끼리 자신의 깊은 속마음을 고백하거나 또는 전에 경험했던 인상 깊었던 체험을 진지하게 들려 주는 분위기의 음악을 통해 작곡가는 가슴속 감정의 섬세한 음영 (陰影)까지도 친구와 함께 나누려고 했다. 피아노 반주에 독창으로 노래한다.

• 낭만주의 시대 중기 이후부터 순수 낭만주의 및 비더마이어 문화가 사라져 가고, 후기의 낭만주의는 모더니즘으로 향한다. 독일 가곡은 후기 낭만주의 작곡가들인 리하르트 슈트라우스(Richard Georg Strauss, 1864~1949), 말러 (Gustav Mahler, 1860~1911) 등으로 맥이 이어지고, 실내를 떠나서 대규모 콘서트홀로 옮겨간다. 때문에 작곡가 들은 피아노 반주뿐 아니라, 오케스트라 반주 악보도 동시에 내어 놓는다. 이렇듯 후기 낭만주의로 들어서면 조금 새로운 국면을 맞이하므로 이들의 가곡은 이곳의 내용에서 제외하였다.

• 특별히 더 유명한 독일 가곡 작곡가
  ① 슈베르트: '가곡의 왕'으로 칭송받는다. 600여 곡의 독일 가곡 작품을 남겼다.
  ② 슈만: 250여 곡의 독일 가곡 작품을 남겼다.
  ③ 브람스: 200여 곡의 독일 가곡 작품을 남겼다.

# 특별히 더 유명한 독일 가곡 중에서

- 슈베르트

 〈세레나데(Ständchen D. 957 No. 4)〉(1828)

 〈음악에(An die Musik D. 547 Op. 88 No. 4)〉(1817)

 〈실비아에게(An Sylvia D. 891 Op. 106 No. 4)〉(1826)

 〈보리수(Der Lindenbaum D. 911 Op. 89 No. 5)〉(1828)

## 연가곡 작품

① 〈아름다운 물방앗간 아가씨(Die schöne Müllerin D. 795 Op. 25)〉(1823)
② 〈겨울나그네(Winterreise D. 921 Op. 89)〉(1828)
③ 〈백조의 노래(Schwanengesang D. 957)〉(1828)

• 슈만

 〈아름다운 5월에(Im Wnderschönen Monat Mai Op. 48 No. 1)〉(1840)

 〈헌정(Widmung Op. 25 No. 1)〉(1840)

• 브람스

 〈자장가(Wiegenlied  Op. 49 No. 4)〉(1868)

 〈5월의 밤(Die Mainacht  Op. 43 No. 2)〉(1868)

**연가곡 작품**

① 〈시인의 사랑(Dichterliebe Op. 48)〉(1840)
② 〈여인의 사랑과 생애(Frauen Liebe und Leben Op. 42)〉(1840)

# 독일 가곡의 명가수

디트리히 피셔 디스카우
(바리톤, 1925~2012)

프릿츠 분덜리히
(테너, 1930~1966)

페터 슈라이어
(테너, 1935~2019)

엘리자베스 슈바르츠코프
(소프라노, 1915~2006)

크리스타 루드비히
(메조 소프라노, 1928~2021)

바바라 보니
(소프라노, 1956~    )

제시 노먼
(소프라노, 1945~2019)

⑱ 바리톤 피셔 디스카우와 반주자인 피아니스트 알프레드 브렌델은 독일 가곡 연주의 환상적인 파트너로서 1980년대를 풍미하였다.
이 두 사람은 누구도 범접할 수 없는 최고 수준의 독일 가곡 연주 해석을 이루어 냄으로써
전 세계의 클래식 팬들을 독일 가곡의 매력속으로 빠져들게 하였다.

# 1. 슈베르트(Franz Schubert, 1797~1828)

- 오스트리아의 작곡가다.

- 11세에 빈 왕립 악단에 보이 소프라노로 입단하였고, 시립 신학교에서 최고의 음악 교육과 더불어 고등교육 과정을 마쳤다.

- 교장이었던 부친의 학교에서 4년 동안 보조 교사를 했고, 헝가리 에스테르하치 가문에서 2회에 걸쳐서 음악 교사(1818년과 1824년)를 지낸 것 외에는 공직 생활을 전혀 하지 않았고 자유 음악가로 생활하였다.

- 예술가들로 구성된 슈베르트를 좋아하는 모임인 '슈베르티아데'가 결성되었고, 이들과 즐겨 어울리며 작곡과 연주를 하였다. 슈베르트는 이들이 보조해 주는 생활비 외에는 별다른 수입 없이 근근이 생활하였다.

슈베르트

- 1828년에 그의 생애 단 한 번의 공개 연주회를 열었고, 같은 해에 31세의 나이로 요절하였다.

- 600곡 이상의 가곡과 3개의 연가곡 작품, 피아노 음악, 8곡의 심포니 작품, 합창곡, 오페라, 교회음악을 남겼다.

- 슈베르트의 특별히 더 유명한 작품
  ① 독일 가곡: 〈물레 잣는 그레첸〉, 〈들장미〉, 〈마왕〉, 〈아베마리아〉, 〈세레나데〉, 〈보리수(연가곡 '겨울나그네' 중)〉
  ② 피아노곡: 〈방랑자 판타지〉, 〈악흥의 한때〉, 〈즉흥곡〉, 〈군대행진곡 No.1〉
  ③ 교향곡: 〈미완성(No. 8)〉
  ④ 실내악곡: 피아노 오중주 〈송어〉

# 가곡의 왕 슈베르트

슈베르트는 음악사상 최초이자 대표적인 가곡 전문 작곡가다. 18년의 창작 기간 동안 600여 곡의 가곡을 써서 가곡의 왕이라 불린다. 거의 모두가 걸작으로 오늘날까지 전 세계적으로 가장 많이 애창된다.

'노래'란 뜻의 독일어인 '리트(Lied)'는 슈베르트 이후부터 전 세계인에게 '독일의 예술 가곡'을 지칭하는 고유 단어로 자리 잡게 되었고, 중요한 클래식 성악 레퍼토리로 자리매김하게 되었다고 해도 과언이 아니다.

슈베르트가 가곡의 노랫말로 선택한 시는 괴테의 시가 66곡으로 가장 많고, 빌헬름 뮐러(Wilhelm Müller), 실러(Johann Christoph Friedrich-von Schiller), 하이네(Heinrich Heine) 등 최고의 독일 서정 시인들의 작품이다.

슈베르트의 선율은 무척 자연스러우면서 아름다운 것이 특징이다. 언어의 악센트와 꼭 맞아떨어지는 선율의 고저 장단, 장조와 단조를 넘나들며 미묘하게 변화하는 감정의 섬세한 음영, 노래로 다하지 못한 내면의 움직임을 말해 주는 피아노 반주 등을 통해 독일 가곡을 최초로 주목받게 함과 동시에 최고의 경지로 올려놓았다.

슈만, 브람스 등 슈베르트 이후의 가곡 작곡가들은 슈베르트의 후예로서, 각기 자신의 개성이 담긴 가곡을 내었다.

슈베르트의 실물과 가장 흡사하다고 하는 초상화

⑲ 보리수는 사랑의 의미를 가지고 독일 가곡에서 가장 많이 등장하는 나무다.

209

# 2. 멘델스존(Jakob Ludwig Felix Mendelssohn-Bartholdy, 1809~1847)

• 독일의 작곡가, 지휘자, 피아니스트, 오르가니스트다.

• 유대계 독일인이며 부유한 명문 출신으로 유년 시절부터 좋은 환경에서 훌륭한 교육을 받았고, 모차르트에 비교될 만큼 천재성을 보이며 성장하였다. 그림, 수영, 검도, 문장력 등도 출중한 교양 있는 신사였다.

• 1830~1840년대 독일 음악계를 대표하는 음악가 중의 한 사람으로 활약하였다. 라이프치히 게반트하우스의 지휘자를 역임하였고, 라이프치히 대학교에서 명예 박사 학위를 받았으며, 라이프치히 콘설바토리를 설립하였다.

멘델스존

• 누적된 과로로 38세에 사망하였다.

• 멘델스존의 특별히 더 유명한 작품
  ① 피아노곡: 〈노랫말 없는 노래(Lieder ohne Worte)〉
  ② 콘체르토: 〈바이올린 콘체르토 E단조 Op. 64〉
  ③ 독일 가곡: 〈노래의 날개 위에〉

⑳ 멘델스존이 그린 수채화(1847)

# 3. 로베르트 슈만(Robert Schumann, 1810~1856)과 그의 아내 클라라 슈만(Clara Schumann, 1819~1896)

## 1) 슈만

- 독일의 작곡가, 음악 문필가, 음악 비평가다.

- 11세에 이미 대규모 작품을 쓰는 등 재능을 보였으나, 16세 때 부친이 사망하자 모친의 권유로 라이프치히 대학교 법학과에 진학하였다.

- 법학을 포기하고 피아노 교육자인 비크(Friedrich Wieck) 문하로 들어갔다(1830).

- 『음악 신보(Neue Zeitschrift für Musik)』를 창간하여 브람스를 비롯한 신인 음악가들의 작품을 비평, 소개하였다.

슈만 부부

슈만

클라라 슈만

- 스승 비크의 극심한 반대에도 불구하고 소송까지 감행하여 그의 딸인 클라라와 결혼에 성공하였다(1840).
- 드레스덴 합창 지휘자, 뒤셀도르프 시립 오케스트라 지휘자를 역임하였다.

- 오랜 지병인 정신착란증이 악화되어 43세에 모든 공직에서 물러났다.

- 46세를 일기로 정신병원에서 사망하였다.

- 슈만의 특별히 더 유명한 작품
  ① 피아노곡: '트로이메라이' 〈어린이의 정경〉 중
  ② 콘체르토: 〈피아노 콘체르토 A단조〉, 〈첼로 콘체르토 A단조〉
  ③ 독일 가곡: '아름다운 5월에' 〈시인의 사랑〉 중
  ④ 연가곡집: '달밤' 〈리더크라이스〉 중 , 연가곡 〈여인의 사랑과 생애〉

## 2) 클라라 슈만

- 19세기 독일 최고의 여류 피아니스트. 당시에는 여성이 사회 활동을 하지 않던 시기라서 매우 드문 경우다.

- 프리드리히 비크의 딸이며, 슈만의 아내다.

- 9세에 라이프치히 게반트하우스에서 데뷔한 이후 부친과 유럽의 각지로 연주 여행을 다녔고, 결혼한 이후에도 그리고 남편이 사망한 후에도 전 유럽을 무대로 연주 활동을 활발히 하였다.

- 말년에는 영향력 있는 피아노 교사로 지냈다. 프랑크푸르트에 있는 호흐 박사(Dr. Hoch)의 콘설바토리 음악 교사로 재직하였다.

- 특히 슈만과 브람스 피아노곡의 최고 해석자로 정평이 나 있으며, 작곡가이기도 하다.

# 4. 브람스(Johannes Brahms, 1833~1897)

- 독일의 작곡가, 피아니스트, 지휘자다.

- 16세부터 음악 활동을 하던 중 20세인 1853년에 헝가리의 바이올리니스트 르메니 (Eduard Reményi)와 함께한 연주 여행을 계기로, 당시 유명 바이올리니스트 요아힘 (Joseph Joachim, 1831~1907), 바이마르 궁정 음악 감독 리스트 그리고 슈만 부부를 소개받게 되었다.

브람스

- 슈만의 소개로 브람스의 몇 작품이 브라이트코프 출판사에서 출판됨으로써, 20세의 젊은 나이에 세계적인 작곡가 반열에 오르게 되었다.

- 브람스는 슈만이 1854년에 정신병원에 입원한 후부터 클라라의 곁을 지켰다. 당시 클라라는 홀로 여섯 자녀를 양육하며 연주 활동을 하는 환경이었다. 브람스는 14세 연상인 슈만의 아내 클라라를 평생 동안 숭배하고 사랑하였다.

20세의 브람스

- 브람스는 당시 빈 음악계의 거두로서 최고의 합창 및 오케스트라 지휘자, 피아니스트로 활약하였다. 오스트리아 황제로부터 레오폴드 훈장, 예술과 과학 부문의 훈장 등을 수여받았다.

- 브람스는 대중의 취향에 영합하지 않고 단 한 번만의 영원불멸하는 작품을 목표로 하였으며, 절대음악 옹호자였다. 리스트와 바그너(Wilhelm Richard Wagner, 1813~1883) 등 표제음악을 옹호하였던 당시의 혁신파 음악가들과 음악미학적으로 반대 입장을 취하였다.

- 브람스의 작품 경향은 베토벤과 슈만의 초기 낭만주의에서부터 이어지는 전통을 기반으로 하는 무르익은 절정기 낭만주의다. 그뿐만 아니라 그는 바로크의 바흐와 헨델 그리고 중세 르네상스의 음악까지도 넘나든다.

- 브람스의 특별히 더 유명한 작품
  ① 교향곡: 〈No.1 C단조 Op. 68〉
  ② 콘체르토: 〈피아노 콘체르토 No. 1 D단조 Op. 15〉
  ③ 관현악곡: 〈헝가리 무곡 No. 5〉
  ④ 독일 가곡: 〈자장가〉, 〈5월의 밤〉

요한 슈트라우스와 함께 있는 브람스

# 5. 쇼팽(Frédéric François Chopin, 1810~1849)

- 폴란드의 작곡가, 피아니스트, 피아노 교사다.

- 8세에 데뷔하였고, 천재 소년으로 칭송받았다.

- 17세인 1827년부터 비르투오소로서 바르샤바에서 활
  동하였고, 1829년 빈을 거쳐서 1831년에 파리에 정착
  하였다. 여기에서 리스트, 베를리오즈(Hector Berlioz,
  1803~1869), 하이네(Heinrich Heine, 1797~1856) 등 명
  사들과 친분을 쌓았다.

청년 쇼팽 초상화　　쇼팽이 남긴　　들라크루아가 그린
　　　　　　　　단 한장의 사진　　쇼팽의 초상화

- 파리에서 쇼팽은 유명한 피아니스트, 피아노 교사로서 대단한 인기를 끌었다.

- 소설가 조르즈 상드(George Sand)와 1838년부터 8년 동거하며 작품 활동을 하였다. 상드와 결별한 후, 1848년 영
  국과 스코틀랜드 연주 여행에서 건강이 악화되어 그 이듬해인 1849년에 오랜 지병인 폐결핵으로 사망하였다.

- 쇼팽의 특별히 더 유명한 작품
  ① 피아노곡: '장송 행진곡' 〈피아노 소나타 No. 2〉 중, 〈빗방울 전주곡〉, 〈군대 폴로네이즈〉, 〈스케르초 No. 2〉,
  '이별', '혁명', '흑건', '겨울바람' 『에튀드』 중, 〈발라드 No. 1〉, 〈발라드 No. 3〉, 〈안단테 스피나토 브릴란테〉,
  〈그랜드 폴로네즈〉
  ② 콘체르토: 〈피아노 콘체르토 No.1〉

# 6. 리스트(Franz Liszt, 1811~1886)

- 헝가리의 작곡가, 피아니스트, 지휘자, 음악 문필가. 교향시를 창시하였고, 바그너, 베를리오즈와 함께 혁신파로서 표제음악 옹호파다.

28세의 리스트

- 8세에 데뷔하였다.

- 11세에 빈으로 유학하여 베토벤의 제자인 체르니에게 2년 동안 배웠다(1822~1824).

- 30대 중반부터 유럽 최고의 비르투오소로 유럽 전역에서 최고의 인기를 누렸다.

- 바이마르 궁정 악장을 역임하였다(1846~1861).

21세의 리스트

- 50세(1861년)에 로마로 가서 가톨릭교회에 귀의하였으며, 1866년 교황으로부터 수도원장(Abbé) 칭호를 받았다.

- 1869년부터 바이마르, 로마, 부다페스트를 오가며 마스터 클래스, 개인 레슨을 하였다.

- 1886년 사위 바그너의 악극 〈트리스탄과 이졸데〉 관람을 위해 바이로이트를 여행 중 급성 폐렴으로 사망하였다.

- 리스트의 특별히 더 유명한 작품
  ① 교향시: 〈프렐류드〉
  ② 콘체르토: 〈피아노 콘체르토 No.1〉
  ③ 피아노곡: 〈헝가리 랩소디 No. 2〉, 〈사랑의 꿈 No. 3〉, 〈라 캄파넬라〉

# 11

## 비르투오소 콘서트

I. 비르투오소(Virtuoso) / II. 역대 비르투오소

① 요제프 호프만(J. Hoffmann)의 피아노 연주회(1937). 메트로폴리탄 오페라하우스를 가득 메운 청중의 모습이다.

## 1. 비르투오소(Virtuoso)란

---

- 연주 기술이 뛰어난 기악이나 성악의 솔로 연주자를 일컫는다. 대부분 피아니스트고, 간혹 바이올리니스트나 첼리스트도 있다.

- 18세기 후반부터 비르투오소(Virtuoso)가 급부상하였다. 감탄과 존경이 깃든 단어다. 19세기의 비르투오소들은 개량된 악기로 신기에 가까운 연주력을 과시하였다. 리스트와 파가니니 등 당대의 비르투오소들은 전 유럽을 무대로 성황리에 순회 연주를 하였고, 이들의 음악회 입장료는 엄청나게 비싼데도 불구하고 금방 매진되어 구하기가 무척 어려웠다고 한다.

- 19세기는 유럽 중소 도시의 중산층들이 가정 음악, 살롱 문화, 비더마이어 문화 등을 향유함으로써, 음악 애호가 인구가 크게 증가하였다. 이들은 콘서트홀의 음악회와 오페라 관람에 대단히 열성적이었고, 역량이 뛰어난 연주자들에게 아낌없는 갈채를 보냈다.

- 비르투오소 문화는 21세기인 오늘날까지 이어지고 있다. 20세기 이후 교통수단과 매스컴의 발달로 비르투우소들은 전 세계를 무대로 연주 여행을 하거나 음반을 출시하여 막대한 수입을 올리고 있다.

## 2. 전설적인 비르투오소—파가니니와 리스트

파가니니

리스트

## 1) 파가니니(Niccolò Paganini, 1782~1840)

파가니니의 초상화

- 이탈리아의 바이올리니스트, 작곡가, 기타리스트다.

- 14세에 데뷔하였고, 18세인 1810년부터 유럽 전역으로 순회 연주 공연을 하며 명성을 떨쳤다.

- 바이올린으로 고난도의 연주 기법을 자유자재로 구사하였을 뿐만 아니라, 갖가지 묘기를 부렸다고 한다. 오케스트라 악기 소리 모방, 동물의 울음소리 모방, 활 대신 나뭇가지로 연주, 현을 한 개 또는 두 개만 걸어 놓고 연주, 악보를 거꾸로 놓고 연주하는 등 기이한 연주를 행한 것에 대한 일화를 몰고 다녔다.

- 당시 사람들은 파가니니가 악마에게 영혼을 팔고 그 대가로 탁월한 연주 능력을 얻게 되었다고 진심으로 믿었다. 이러한 괴소문은 그가 58세에 사망한 이후까지도 영향을 미쳐서, 그의 묫자리를 구하지 못하여 오랜 시간을 땅에 묻히지 못하였다.

- 파가니니는 즉흥 연주를 주로 하였으므로 남아 있는 작품이 적고, 제자를 키우지 않아서 그의 음악이나 주법이 후세에 이어지지 못하였다. 그러나 그는 비르투오소의 상징으로서 시대를 초월하여 존경받고 있다. 리스트, 브람스, 라흐마니노프 등도 그를 흠모하여 그의 작품에 나오는 테마를 가져와서 작품을 썼다.

파가니니의 〈무반주 카프리스(Caprice) No. 24〉(1817)

② 비르투오소 파가니니의 캐리커처

## 2) 리스트(Franz Liszt, 1811~1886)

- 10세에 체르니의 제자로 음악계에 입문하였고, 체르니의 스승인 베토벤에게도 인정받을 만큼 뛰어난 재능을 보였다.

- 14세(1825년)에 부친과의 파리 여행에서 파가니니의 연주를 접한 후 '피아노의 파가니니'가 되리라고 결심하였고, 하루에 10~12시간씩 연습하였다.

- 30대에 '연주의 황제'로 불리우며 전 유럽은 물론이고 러시아까지 연주 여행을 다녔다.

- 리스트는 음악사상 처음으로 독주회를 개최하였다.

- 슈만은 리스트의 〈파가니니 에튀드〉를 접한 후, 그렇게 어려운 에튀드를 잘 소화할 수 있는 연주자는 이 세상에 10명도 안 될 것이라고 말했을 정도로 연주력이 대단하였다.

리스트

- 창작곡과 편곡 작품(오페라, 가곡, 심포니 편곡)으로 1000곡이 넘는 피아노곡을 레퍼토리로 가졌었다.

 리스트의 〈피아노 콘체르토 E♭장조 No.1〉(1856)

③ 비르투오소 리스트의 음악회 캐리커처

리스트의 팬들은 무대 앞까지 다가와서 그를 가까운 거리에서 보고 싶어 했고, 무대 위로 고가의 선물을 던졌다.

매 음악회마다 그의 음악을 듣고 정신을 잃는 여성이 반드시 몇 명씩 있었다고 한다.

독실한 가톨릭 신자인 리스트는 쇼팽과 함께 자선 음악회를 자주 열었다.

④ 리스트의 피아노 연주 모습 캐리커처

⑤ 비르투오소 블라디미르 호로비츠(V. S. Horowitz)의 카네기홀 연주. 그의 팬들로 입추의 여지가 없다.

# 1. 19세기 중, 후반의 비르투오소

19세기 후반 이전까지는 전통적으로 작곡가들이 연주자를 겸하고 있었으며, 자신의 작품을 스스로 연주하였다. 이들 중에는 대단한 비르투오소로서 명성을 높이 떨친 인물들이 많았다. 이 시대는 아직 녹음 기술이 발명되지 않았던 때이므로 그들에 대한 기록과 악보가 남아 있을 뿐, 오늘날에는 그들의 연주를 직접 들을 수 없는 것이 유감이다. 파가니니만 바이올리니스트이고 다른 이들은 모두 피아니스트다.

탈베르크(Sigismond Thalberg, 1812~1871) 리스트와 라이벌 관계였다.

 파가니니: 〈바이올린 콘체르토 No.1 D장조 Op. 6〉(1817~1818)(사라 장 연주)

 리스트: 〈에스테 별장의 분수(Les jeux d'eaux à la Villa d'Este) F# 장조 『순례의 해』 중 '제3년 No. 4'〉(1877) (아라우 연주)

 쇼팽: 〈피아노 콘체르토 No. 1 E단조 Op. 11〉(1830) [조성진 연주(쇼팽 콩쿨 결선 2015)]

 탈베르크: 〈그랜드 판타지아 C장조 Op. 63〉 (발렌티나 리시차 연주)

알캉(Charles-Valentin Alkan, 1813~1888) 쇼팽과 리스트의 친구였다.

 알캉: 〈에튀드 Op. 39〉(1857) (손열음 연주)

229

# 2. 20세기 초반의 비르투오소

20세기에 들어서 작곡가와 연주자가 각기 독립적인 직업으로 갈라지기 시작했다. 그러나 20세기 초반까지는 연주자가 작곡가를 겸하는 경우가 흔했으며, 작곡가로서도 크게 인정받는 인물이 드물지 않았다. 이 시대 비르투오소들의 연주부터는 녹음이 남아 있다. 모두 피아니스트다.

 페루치오 부조니: 1922년 콜롬비아 레코드 바흐-부조니 편곡 연주 녹음

 에밀 폰 자우어: 1925년 리스트의 '마제파' 연주 녹음

 레오폴드 고도프스키: 1916년 쇼팽의 〈발라드 No. 1〉 연주 녹음

 세르게이 라흐마니노프: 녹음 일시 알 수 없음. 자작곡 〈피아노 콘체르토 No. 2〉 연주 녹음

 요제프 호프만: 1937년 쇼팽의 〈안단테 스피아나토와 화려한 대 폴로네이즈 Op. 22〉 연주 녹음

 레이몬드 레웬탈: 1951년 카네기홀 리사이틀 연주 녹음

페루치오 부조니
(Ferruccio Busoni,
1866~1924)

에밀 폰 자우어
(Emil von Sauer,
1862~1942)

레오폴드 고도-
프스키(Leopold
Godowsky,
1870~1938)

세르게이 라흐-
마니노프(Sergei
Rachmaninoff,
1873~1943)

요제프 호프만
(Josef Hofmann,
1876~1957)

레이몬드 레웬탈
(Raymond
Lewenthal,
1923~1988)

230

# 3. 20세기 중, 후반의 비르투오소

20세기 중, 후반에 활약한 비르투오소들은 전문 연주자로서 주된 활동을 하였고, 자신의 작품이 있더라도 작곡가로서는 두각을 나타내지 못하였다. 20세기 중, 후반에 활동한 비르투오소들의 연주는 음반과 영상으로 만날 수 있다. 모두 피아니스트다.

아르투르 루빈스타인
그리그의 〈피아노 콘체르토 A단조 Op. 16〉

블라디미르 호로비츠
라흐마니노프의 〈피아노 콘체르토 No. 3〉

호르헤 볼레트
쇼팽의 〈발라드 No. 1 G단조 Op. 23〉

조르주 치프라
쇼팽의 〈폴로네이즈 A♭장조 Op. 53, 영웅〉

아르투르 루빈스타인
(Arthur Rubinstein,
1887~1982)

블라디미르 호로비츠
(Vladimir Horowitz,
1903~1989)

호르헤 볼레트
(Jorge Bolet, 1914~1990)

조르주 치프라
(Georges Cziffra,
1921~1994)

# 4. 20세기 후반과 21세기 현재의 비르투오소

20세기 후반으로 접어들면 예외는 있으나 작곡가와 연주자의 직업이 완전히 분리된다. 이들 중에는 아직 활동하는 비르투오소 연주자들이 있다. 이들은 음반과 영상으로 접할 수 있는 것은 물론이고 직접 음악회에서 만날 수 있는 행운을 가질 수도 있다. 요요마만 첼리스트이고 다른 이들은 모두 피아니스트다.

요요마
(Yo-Yo Ma, 1955~ )

시프리앙 카차리스
(Cyprien Katsaris, 1951~ )

요요마
바흐의 〈첼로 조곡 No. 1 G장조 BWV 1007〉

시프리앙 카차리스
슈만의 〈빠삐용 Op. 2〉

크리스티안 침머만
쇼팽의 〈피아노 콘체르토 No. 1 E단조 Op. 11〉

마르타 아르게리히
슈만의 〈피아노 콘체르토 A단조 Op. 54〉

크리스티안 침머만
(Krystian Zimerman, 1956~ )

마르타 아르게리히
(Martha Argerich, 1941~ )

아르카디 볼로도스
(Arcadi Volodos, 1972~ )

마르크-앙드레 아믈랭
(Marc-André Hamelin, 1961~ )

랑랑
(Lang Lang, 1982~ )

발렌티나 리시차
(Valentina Lisitsa, 1973~ )

아르카디 볼로도스
마누엘 데 파야(manuel de Falla y Matheu, 1876~1946)의 〈스페인 무곡(*Danse Espagnole*)〉

마르크-앙드레 아믈랭
브람스의 〈피아노 콘체르토 No. 2, Op. 83〉

랑랑
거슈인의 〈랩소디 인 블루〉

발렌티나 리시차
리스트의 〈헝가리 광시곡 No. 2〉

# 12

# 낭만 오페라

① 베르디 오페라 〈라 트라비아타〉의 한 장면

② 푸치니 오페라 〈투란도트〉의 한 장면

# I. 오페라는 종합예술

## 1. 오페라(Opera)의 구성 요소

- 문학: 좋은 리브레토(libretto, 오페라 대본)가 있어야 한다.

- 음악: 음악 면의 오페라 구성 요소를 지키면서 리브레토를 효과적으로 표현하여야 한다.

- 연극: 오페라는 연극을 음악으로 표현하는 것이므로 연극적인 요소(극의 흐름, 연기력 등)를 잘 살려야 한다.

- 미술: 대본에 잘 맞는 무대 배경 장치나 출연진의 의상 등이 잘 갖추어져야 한다.

- 무용: 춤이 들어가는 장면에서 오페라의 내용에 잘 어울리는 안무가 필요하다.

③ 19세기 비제의 작품 오페라 〈카르멘〉의 한 장면. 〈카르멘〉은 리브레토와 음악이 탁월하다. 20세기 후반부터 오페라의 시대배경을 현시대로 옮겨 연출함으로써 좋은 효과를 거두기도 한다.

# 2. 오페라 음악의 구성 요소

- 오케스트라: 서곡(overture), 간주곡(intermezzo), 반주, 음향 효과 등을 연주한다.

- 아리아(aria): 오케스트라 반주와 함께하는 선율적인 독창곡이다.

- 레치타티보(recitativo): 대사를 말하듯이 노래하는 형식(낭송조)이다. 선율선이 정체되어 있고 말의 리듬을 따른다.

레치타티보 예시

- 중창: 2중창, 3중창, 4중창 등(duet, trio, quartet……)이 있으며, 주로 중요 배역을 맡은 이들이 노래한다.

- 합창(chorus): 군중이나 많은 사람이 모여 있는 장면에서 분위기에 맞는 합창으로 극 중 상황을 북돋운다.

④ 베르디 오페라 〈아이다〉의 한 장면

⑤ 베르디 오페라 〈아이다〉에서의 무용 장면

오페라는 좋은 리브레토를 토대로 하여, 그에 걸맞은 무대 배경 및 의상 등의 미술,
극적인 흐름을 효과적으로 표현하는 음악, 가수들의 가창력과 연기력, 무용 등이
하나가 되어 종합예술의 면모를 과시한다.

## 1. 오페라의 유래

---

- 그리스 시대의 비극에 합창이 곁들여 있었다고 한다. 기록만 있을 뿐, 실제의 상연 형태는 알 수 없다.

  그리스 비극 작가: 아이스킬로스, 소포클레스, 에우리피데스


- 16세기 후반부터 마드리갈(중창곡)을 이야기가 있게 여러 곡 짝지어 꾸미기도 하였다.

초기 오페라 작곡가 몬테베르디(Monteverdi, 1567~1643)의 마드리갈 〈처녀의 비가(Lamento della Ninfa)〉(1638).
애인의 배반으로 슬픔에 잠긴 여인에 대한 이야기다. 이야기 진행에 맞추어 마드리갈이 여러 곡 연속해서 노래된다.

# 2. 오페라의 탄생

- 17세기 초에 피렌체에서 카메라타 그룹(학자, 시인, 음악가들의 모임)이 그리스 비극을 연구하던 중에 오페라가 탄생하였다. 초기 걸작으로 몬테베르디(Claudio Monteverdi, 1567~1643)의 〈오르페오(L'Orfeo)〉(1607)가 있다.

몬테베르디의 〈오르페오〉
서곡 '토카타'

오르페오가 저승 세계로 에우리디체를 찾아가서 함께 빠져나가려고 애쓰고 있다.
오르페오는 저승 세계를 완전히 벗어날 때까지 만일 한 번이라도 뒤를 돌아본다면
모든 것이 실패로 돌아가게 되는 운명이다.

# 3. 17~18세기 오페라의 흐름

---

- 오페라는 클래식 장르 중에서 가장 흥행이 보장되었다. 오페라 덕분에 17세기 초반부터 유럽 전역 구석구석까지 공공 오페라 극장이 설립되었다(상업 음악회의 시초).

- 그러나 오페라 제작을 흥행에 초점을 맞추어 대중의 기호를 쫓아가다 보니, 작품성이 좋은 작품은 드물었다. 17~18세기의 청중은 유명 가수의 매우 기교적이고 화려한 아리아를 들을 때만 집중하고, 그 밖에 레치타티보, 중창, 합창 등의 순서에서는 잡담하고, 음식물을 먹고, 자리를 옮겨 다니고, 심지어 카드놀이까지 하였다.

- 바로크 시대의 오페라 작곡가들은 관객이 기교적인 아리아에만 관심을 두는 취향에 영합하였다. 작곡가들은 우선 주연급 유명 가수 몇 명만 섭외해 놓은 후에 그들의 목소리에 맞추어 최대한의 기교를 발휘할 수 있는 아리아 몇 곡을 작곡하는 일에 모든 정성을 기울였다. 그리고 다른 부분은 간과하였다. 이러한 이유로 18세기 후반에 모차르트의 오페라가 나오기 전까지는 우수작이 드물다. 오늘날에는 바로크 오페라를 상연하는 예는 극히 드물고, 그중에서 우수 아리아만 발췌하여 연주하고 감상하곤 한다.

18세기 기교적 아리아의 예
리카르도 브로쉬(Riccardo Broschi, 1698~1756)의 오페라 〈아르타세르세(Artaserse)〉 중 '나는 바다 위에서 요동치는 한 점의 배와 같다(Son qual nave chágitata)' (영화 '파리넬리' 중에서)

# 4. 오페라 개혁과 오페라 개혁의 구체적인 방향

## 1) 오페라 개혁

글룩

- 오페라의 큰 개혁은 음악 역사상 두 번 있었다.
  ① 1차 개혁: 고전주의 시대의 글룩(C. W. Gluck, 1714~1787)
  ② 2차 개혁: 낭만주의 시대의 바그너(R. Wagner, 1813~1883)

바그너

- 개혁의 요지

  오페라는 음악 못지않게 관객에게 내용을 잘 전달하는 것이 중요하다. 그러나 작금의 오페라 작곡가들은 스타 가수의 영입과 스타 가수가 기량을 다해서 부르는 기교적인 아리아 몇 곡에 오페라의 성공이 달려 있다고 여김으로써, 음악의 예술성과 연극의 전개 모든 면에서 실패하고 있다. 오페라 제작은 이러한 얄팍한 상술에 빠져서 오페라의 본질을 저버리면 안 된다. 아리아, 중창, 합창, 오케스트라는 모두 오페라의 내용을 효과적으로 전달하려는 목적에 맞추어 작곡되어야 한다. 결국 작품이 좋아야 재미도 있는 것이다.

## 2) 오페라 개혁의 구체적인 방향

- 서곡에 오페라 전체의 이미지를 실어야 한다.

- 아리아는 너무 튀지 않게 작곡하여야 한다. 성악 기교가 지나치면 극의 흐름에 방해가 된다.

- 합창, 중창, 오케스트라는 모두 오페라 안에서 각기 담당하는 몫을 잘 살려서 작품이 빛나도록 작곡해야 한다.

- '오페라는 종합예술로서 한 덩어리가 되어야 한다.'는 것이 최종 결론이다.

⑥ 밀라노 라 스칼라(La Scala) 오페라하우스 (1778년 건립)

⑦ 빈 국립 오페라하우스(1869년 건립)

⑧ 시드니 오페라하우스(1973년 건립)

오페라는 17세기 초에 탄생하였을 때부터 사람들에게 큰 호응을 받기 시작하였고, 곧바로 유럽의 곳곳에 오페라하우스가 건립되기 시작하였다. 세계 곳곳의 오페라하우스들은 각기 나름의 역사와 건축미를 자랑하며 오페라 팬들을 맞이하고 있다.

## 1. 최고의 수준을 자랑하는 19세기 낭만 오페라

---

- 오페라 1차 개혁(글룩) 이후부터 작품성이 좋아지기 시작하였다.

- 좋은 리브레토를 사용하였다.
  ① 걸작 소설이나 연극, 신화, 당시 화제가 된 실화 내용을 소재로 하였다.
  ② 리브레토와 음악의 일체성을 꾀하였다.
  ③ 작곡가가 직접 리브레토를 창작하기도 하였다.

- 비극으로, 가련한 운명의 여주인공이 중심에 있다.

- 발레, 합창, 군중 장면 등 화려한 볼거리를 제공하였다.

- 사명감 있는 오페라 전공 작곡가들의 걸작들이 대거 출현하였다.

- 19세기 낭만 오페라의 주요 향유 계층은 살롱 문화, 비더마이어 문화를 주도하였던 도시의 중산층 시민들이다.
  이들은 콘서트홀 그리고 오페라하우스의 주요 관객으로서 19세기 음악 문화를 주도하였다.

# 2. 낭만 오페라 베스트 작곡가 3인

## 1) 베르디(G. Verdi, 1813~1901)

베르디

- 베르디는 오페라의 내용으로 정치성을 띠고 있는 주제를 기꺼이 선택하곤 하였다. 그는 역사물을 택하여, 과거의 이야기를 당시의 정치적 현실에 빗대어 표현하면서 관중들과 호흡하였다(나부코). 당대의 이야기를 다룰 때도 귀족, 성공한 부르주아 계층과 하층민과의 신분적 갈등 같은 현실 참여적인 주제를 다루었다(라 트라비아타). 베르디는 젊은 시절부터 유럽 전역에서 대단한 명성을 날렸고, 조국 이탈리아에서는 그를 영웅으로 받들었다.

- 29세에 오페라 〈나부코〉로 대성공을 거둔 뒤, 그는 계속하여 승승장구하였다. 70세를 넘긴 후에도 〈오텔로〉, 〈팔스타프〉 등을 창작하며 활발한 작품 활동을 하다 94세에 사망하였다.

- 특별히 유명한 작품
  〈나부코〉(1842), 〈리골레토〉(1851), 〈라 트라비아타〉(1853), 〈가면무도회〉(1859), 〈아이다〉(1871), 〈오텔로〉(1887), 〈팔스타프〉(1893)

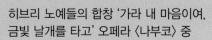
히브리 노예들의 합창 '가라 내 마음이여, 금빛 날개를 타고' 오페라 〈나부코〉 중

개선행진곡 '오라 승리자들이여' 오페라 〈아이다〉 중

# 〈라 트라비아타(La traviata)〉에서 음악이 알려 주는 속마음의 진실

원작은 뒤마(Alexandre Dumas Fils, 1824~1895)의 소설 『동백꽃 여인(La dame aux camélias)』이다. 고급 창녀인 비올레타와 부르주아 계급의 청년 알프레도의 슬픈 사랑 이야기다. 비올레타는 알프레도의 부친 제르몽의 설득으로 알프레도와 헤어지고, 결국 지병인 폐결핵으로 죽는다.

뒤마는 23세에 사망한 연인과의 실화를 바탕으로 원작을 집필하였다. 베르디는 무명 시절에 아내와 두 아이를 질병으로 잃었고, 그 후 여가수 스트레포니와 동거하며 주변의 비난과 질시를 견뎌야 했던 경험을 가지고 있었다. 〈라 트라비아타〉에는 원작가와 작곡가 모두의 실제 경험들이 녹아 있어서, 극의 흐름이나 음악이 실제처럼 자연스러우면서도 극적이며 등장인물들의 심리 묘사가 대단히 섬세하고 뛰어나다.

 제1막 중에서 비올레타의 아리아 '아! 그이인가—언제나 자유롭게(E strano—Sempre Libera)'
파티가 끝난 후 혼자 남은 비올레타는 알프레도를 향해 강하게 흔들린다. 사랑을 느끼는 서정적인 부분에 이어서 "나는 파리에서 화려한 환락을 찾으며 자유롭게 사는 삶이 좋다!"라며 마음을 다잡으려 하지만, 화려한 기교의 콜로라투라 아리아는 매우 흥분되어 있다. 특히 멀리서 들리는 알프레도의 음성에 비올레타는 참을 수 없는 마음의 동요를 느끼며 서로의 음성이 교차되다 화려한 고음으로 노래를 마친다.

 제3막 중에서 비올레타가 읽는 제르몽의 화해 편지 그리고 아리아 '지나간 나날이여 안녕히(Addio del passato)'
병이 위중한 비올레타는 제르몽이 보낸 화해의 내용과 아들이 곧 그녀를 찾아가리라는 소식이 담긴 편지를 거의 말하듯 읽는다[파를란도 스타일(parlando)]. 강한 선율로 표현하는 아리아보다 훨씬 충격적이다. 비올레타가 편지를 읽는 동안 오케스트라가 알프레도와의 추억을 상기시켜 주는 듯 사랑의 테마를 잔잔히 연주한다. 오케스트라가 울리는 굉음과 함께 "(그러나 이미) 늦었어요!"라고 외친다. 이어서 낙담하면서 "이제 모든 것이 다 끝났다."라고 노래한다.

알프레도와 비올레타의 이중창 '파리를 떠나 멀리 가서 우리 둘이 행복하게 삽시다(Parigi, o cara)'
이미 위독한 상태에 빠진 비올레타를 뒤늦게 찾아온 알프레도가 그녀와 함께 부르는 이중창이다. A♭장조의 3박자와 노랫말은 희망적이지만, 느린 속도와 조금 솟았다 하강하는 선율선은 이러한 행복이 결코 이루어질 수 없다는 것을 이미 잘 알고 있는 두 사람의 마음 밑바닥에 깔려 있는 애달픔이다.

⑨ 오페라 영화 '라 트라비아타'의 알프레도와 비올레타의 첫 대면 장면이다.
플라시도 도밍고와 테레사 스트라타스가 알프레도와 비올레타로 출연하였다.

## 2) 바그너(R. Wagner, 1813~1883)

- 오페라 개혁자. 종합예술로서의 음악극(music drama)을 추구하였다. 오페라 대본을 자신이 직접 쓰고, 지문(地文)을 써 넣었다.

- 바그너의 열렬한 지지자인 바이에른 국왕 루드비히 II세는 1865년부터 바그너의 악극 전용 축전 극장을 바이로이트에 짓게 하였다. 1876년부터 현재까지, 이곳에서 매년 7월 20일부터 8월 말까지 5주 동안 바그너의 음악극을 공연하는 음악 축제가 열린다.

- 특별히 더 유명한 작품: 〈방황하는 네덜란드인〉 (1840~1841), 〈로엔그린〉(1845~1848), 〈니벨룽겐의 반지〉(1851~1874), 〈트리스탄과 이졸데〉(1856~1859)

'결혼행진곡' 오페라 〈로엔그린〉 중

⑩ 〈로엔그린〉의 한 장면.
이 그림은 바그너를 총애했던 바이에른 주의 왕 루드비히 II세가 건축한
노이슈반슈타인(Neuschwanstein) 성 거실 벽에 전시되어 있다(1882~1883년 제작).

# 바그너가 최초로 시도하였고 후세에 영향을 끼친 음악 기법

• 라이트모티브(Leitmotiv): 특정한 인물이나 사물, 아이디어 등의 이미지에 맞게 고정된 음악 프레이즈나 동기를 부여한 것이다. 라이트모티브는 이야기의 전개 상황에 따라서 상태에 맞도록 화성이나 리듬 등에 변화를 준다.

 〈트리스탄과 이졸데(Tristan und Isolde)〉의 라이트모티브 목록

• 무조성(Atonal)의 아버지: 바그너의 음악은 반음계와 불협화음이 계속됨으로써 조성감을 잃었다가 결말에 가서야 제 조성을 찾곤 한다. 그의 오페라 주인공들이 겪는 '실현될 수 없는 열망에 대한 끝없는 안타까움'의 이미지와 부합된다.

• 무한 선율: 오페라가 상영되는 동안 중간에 단락감(종지감) 없이, 음악이 계속 이어지도록 하는 작곡법이다. 예를 들면, 〈트리스탄과 이졸데〉의 '서곡'은 연주 시간 12분 동안 중간에 맺어 주는 감을 주지 않고 지속시킨다.

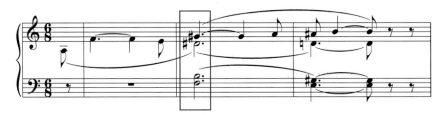

〈트리스탄과 이졸데〉의 '서곡' 첫머리

첫 프레이즈의 마지막 음은 소프라노 성부에서 새로 시작하는 프레이즈와 맞물린다. 이 접선 부분은 바그너 이전에는 들어보지 못한 충격적인 불협화음으로서, '트리스탄 화음'이라고 부른다. 이 두 프레이즈는 각기 '사랑의 탄식'과 '열망'의 라이트모티브로서 이 작품에서 여러 번에 걸쳐서 등장한다. 두 라이트모티브가 끝나고 휴지로 들어가는 순간에도 음악은 마무리되지 않고 불협화음으로 열려 있다.

〈트리스탄과 이졸데〉 중 '서곡'

〈트리스탄과 이졸데〉의 라스트 장면, 이졸데의 아리아 '사랑의 죽음(Isolde Liebestod)'이다.
"그가 마치 부드럽고 나지막하게 웃는 것처럼"이라고 첫 부분을 시작한다.

### 3) 푸치니(G. Puccini, 1858~1924)

- 베르디 이후 가장 존경받는 오페라 작곡가다.

- 오페라에 연극적인 요소를 살려서 박진감을 주었고, 특유의 느낌 있는 아름다운 선율과 효과적인 오케스트라 기법으로 관중을 흡수하였다.

- 〈라보엠(La Boheme)〉에서와 같이 사실주의적인 소재 또는 〈나비부인(Madama Butterfly)〉, 〈투란도트(Turandot)〉 등과 같이 먼 동양의 이국적인 정취를 사용하여 관중의 호기심을 자극하였다.

- 특별히 유명한 작품
  〈마농레스코(Manon Lescaut)〉(1893), 〈라보엠〉(1896), 〈토스카(Tosca)〉(1900), 〈나비부인〉(1904), 〈투란도트〉(1926)

푸치니

## 〈라보엠〉, 가난한 연인들의 사랑이야기

 제1막 중에서 로돌포의 아리아 '그대의 찬 손(Che gelida manina)'

로돌포가 병약한 소녀 미미에게 사랑을 느끼게 되면서 아리아 노랫말은 "달빛이 밝군요. 저는 시인입니다." 그리고 "당신은 누구신지 말해 주세요."라는 객관적인 내용이 아리아의 ⅔ 이상이고, "당신의 아름다운 두 눈은 내 마음을 흔들리게 합니다."라는 단순하고 소박한 사랑의 고백은 ⅓이 못된다. 그러나 미미를 향한 로돌프의 진실한 사랑의 느낌은 노랫말 뒤편에 흐르는 음악을 통하여 객관적인 내용의 말도 사랑의 주관적인 느낌으로 변화되고, 이윽고 사랑을 고백하는 순간에 사랑의 벅찬 감정이 절정을 이룬다.

⑪ 제1막에서 다락방에 사는 가난한 청년 로돌포가 불씨를 얻으려고 온 미미의 손이 차가운 것을 발견하는 장면이다.

 제2막 중 피날레에서 두 쌍의 연인들이 부르는 4중창 '안녕, 달콤한 아침이여(Addio, dolce svegliare alla mattina)'

"적어도 봄이 올 때까지 함께 지냅시다."라며 사랑이 깃든 조용하고 서정적인 미미와 로돌포, 흥분하여 서로 욕하며 거칠게 싸우는 그들의 친구 한 쌍이 동시에 4중창 '안녕, 달콤한 아침이여'를 부른다. 오페라는 이렇게 서로 상반되는 기분에서 완전히 대조를 이루는 정서도 한 무대에서 동시에 펼쳐지면서 매우 입체적으로 드라마틱함의 극치를 이룬다.

# 3. 그 밖의 유명한 오페라 작곡가와 대표 작품

• 이탈리아

① 로시니(Gioacchino Antonio Rossini, 1792~1868)의 〈세비야의 이발사〉(1816)

② 벨리니(Vincenzo Bellini, 1801~1835)의 〈노르마〉(1831)

③ 도니제티(Domenico Gaetano Maria Donizetti, 1797~1848)의 〈람메르모르의 루치아〉(1835), 〈사랑의 묘약〉

  (1832)

• 프랑스

비제(Georges Bizet, 1838~1875)의

〈카르멘〉(1875)

⑫ 도니제티의 오페라 〈사랑의 묘약〉 중 한 장면

# 4. 사실주의 오페라(Verismo)
## – 사회참여 유형의 오페라

• 문학 면은 사실주의지만 음악 면에서 보면 사실주의로서 특별한 형식을 개발한 것이 없으므로, 이 명칭은 비판받기도 한다.

• 리브레토의 내용은 사실주의 소설, 치정 살인 사건 실화, 정치적인 메시지 등을 다룬 것이다. 경제적인 약자, 혐오 직업 또는 소외 직업 종사자, 심지어 살인자를 주인공으로 등장시킨다. 예를 들면, 고급 창녀(《라 트라비아타》), 수놓는 여자(《라보엠》), 집시이며 담배 공장 노동자(《카르멘》), 유랑극장의 광대(《팔리아치》) 등이다.

• 음악을 통해서 관람객들에게 당시의 사회 뒷면을 알림으로써 사회의 책임을 묻고 사회적 약자 계층을 이해하여 이들에게 관심을 가질 수 있도록 이끄는 데 의의가 있다.

⑬ 비제의 《카르멘》 초연 포스터(1875)

• 사실주의 오페라 대표 작품
베르디의 《라 트라비아타》, 비제의 《카르멘》, 마스카니(P. Mascagni, 1863~1945)의 《카발레리아 루스티카나》, 레온카발로(R. Leoncavallo, 1857~1919)의 《팔리아치》, 푸치니의 《라보엠》과 《외투》

# 5. 특별히 유명한 낭만 오페라 아리아

---

 로시니
'나는 거리의 만물박사 (Largo al factotum della citta)'
〈세비야의 이발사〉(1816) 중

 베르디
'여자의 마음 (La donna è mobile)'
〈리골레토〉(1851) 중

 베르디
'축배의 노래 (Brindisi)' 〈라 트라비아타〉(1853) 중

 푸치니
'어느 갠 날 (Un bel di vedremo)'
〈나비부인〉(1904) 중

 푸치니
'오 사랑하는 나의 아버지 (O mio babbino caro)'
〈쟈니스키키〉(1918) 중

⑭ 파바로티가 〈투란도트〉에서 칼라프 왕자 역할로 열연하고 있다(2000).

 푸치니
'아무도 잠들지 말라 (Nessun dorma)'
〈투란도트〉(1926) 중

도니제티
'남몰래 흘리는 눈물 (Una furtiva lagrima)'
〈사랑의 묘약〉(1832) 중

벨리니
'정결한 여신 (Casta Diva)' 〈노르마〉(1831) 중

비제
'하바네라 (Havanera)' 〈카르멘〉(1875) 중

레온카발로
'의상을 입어라 (Recitar!… Vesti la giubba)'
〈팔리아치〉(1892) 중

# 세계적 오페라 가수

파바로티
(Luciano Pavarotti, 1935~2007)

도밍고
(Placido Domingo, 1941~    )

엔리코 카루소
(Enrico Caruso, 1873~1921)

마리아 칼라스
(Maria Callas, 1923~1977)

안나 네트렙코
(Anna Netrebko, 1971~    )

르네 플레밍
(Renee Fleming, 1959~    )

## 〈오페라에서 마음껏 박수 칠 수 있는 때〉

오페라 감상은 교향곡, 실내악곡, 소나타 등 기악곡 감상과는 다르다. 감상하는 도중에 박수를 힘껏 쳐도 되고, 박수뿐만 아니라 환호성을 함께 지를 수도 있다.

① 지휘자가 나타나서 지휘대로 갈 때
② 막이 내려올 때
③ 무대 배경이 바뀔 때
④ 아리아나 중창이 끝났을 때

남성 가수에게는 '브라보(Bravo)', 여성 가수에게는 '브라바(Brava)', 남성 중창일 때는 '브라뷔(Bravi)', 여성 중창일 때는 '브라베(Brave)'라고 외치며 환호성과 박수를 보낸다. 오페라가 완전히 끝났을 때는 기립 박수를 치기도 하고, 몇 번씩 커튼콜을 한다.

⑮ 기립 박수를 치는 관중

⑯ 오페라가 막을 내린 뒤에 관객들이 환호성과 함께 박수를 열렬히 치며 커튼콜을 하고 있다.

# 13

# 발레 음악

① 〈발레 연습〉(1873) 에드가 드가(Edgar De Gas) 작품

## 1. 16세기에 궁정 사교댄스로 출발

- '발레(ballet)'는 이탈리아어 'ballare(춤을 추다)'에서 유래하였다. 16세기 르네상스 시대 이탈리아 궁정 사교댄스에서 출발하여 프랑스 궁정으로 그리고 전 유럽의 궁정으로 전파되었다.

- 르네상스 시대에는 일반적으로 두 박자의 느린 춤에서 3박자의 빠른 춤으로 이어서 추었다.
  ① 2박자의 느린 속도의 스텝 댄스: 파반(pavane) 또는 바스당스(basse danse)
  ② 3박자의 빠른 속도의 활발한 움직임의 댄스: 갤리어드(galliarde)

실제 댄스의 예
파반 스텝

갤리어드 스텝

파반과 갤리어드

② 르네상스 시대의 궁정 댄스. 바스당스를 추고 있다.

# 2. 프랑스 루이 14세의 궁정에서 무대 무용으로 발전

• 태양왕 루이 XIV세(Louis XIV)는 발레에 대한 사랑이 대단하여 자신도 전문 무용수 수준으로 무대 공연을 하였고, 최초의 왕립 무용 학교를 설립(Académie Royale de Danse)하였다. 교장은 이탈리아 무용수 출신의 작곡가 륄리(Jean-Baptiste Lully, 1632~1687)가 임명되었다.

• 프랑스 궁정에서는 사교댄스였던 무용을 예술로 승격시켰으며, 륄리는 1681년에 최초로 여성 무용수를 무대에 세웠다.

 소년왕 루이 14세가 태양을 상징하는 의상을 입고 춤추는 장면
(영화 '왕의 춤' 중에서)

③ 태양왕 루이 14세가 소년 왕일 때 발레를 하는 모습. 이 춤의 분장으로 인하여 태양왕이라는 별명을 얻었다고 한다.

 륄리는 이탈리아 출신의 프랑스인이다. 작곡가, 기악 연주자, 무용수이며, 생애의 대부분을 태양왕 루이 XIV세를 섬기며 궁정 음악가로 지냈다.

④ 바로크 시대에 춤을 추는 모습. 바로크 시대에는 궁정 댄스로
알망드(allemande), 쿠랑트(courante), 사라반드(saraband),
지그(gigue) 등과 같은 춤들이 있었다. 프랑스 오페라에는 춤추는
장면이 자주 삽입되어 있었으나, 일반 바로크 복장과
별다른 차이를 보이지 않았다. 치마 기장은 발목을 덮고 있었고,
굽이 있는 구두를 신었다.

⑤ 후기 바로크 시대에 활약했던 파리 오페라단 소속 발레리나인
카마르고(Marie-Anne de Cupis de Camargo, 1710~1770)다.
1726년에 데뷔한 그녀는 남다른 민첩성과 속도감을 보유하고 있었으며,
남성 무용수들만 했던 도약 동작까지 완벽하게 해내었다고 한다.
그녀는 치마를 발목이 드러나는 길이까지 줄였으며,
발레 신발의 뒷굽을 없앴고, 몸에 꼭 맞는 속바지를 착용하여
발레 동작을 하는 데 불편하지 않게 하였다.
그녀는 총 78편의 오페라에 출연하였고, 1751년에 은퇴하였다.
카마르고는 후세의 발레 발전에 큰 영향을 끼쳤다.

# 1. 로맨틱 발레(19세기 중, 후반)

- 19세기 역시 이탈리아와 프랑스를 중심으로 발전하였으나, 1789년 프랑스 혁명으로 인해 이탈리아에서 더 강세를 보이게 된다.

- 로맨틱 발레는 유럽의 발레로서, '슬프고 아름다운 사랑' '요정, 유령 등이 등장하는 환상적인 이야기'와 같은 낭만주의적 주제를 무용극으로 꾸민 것으로, 가련한 운명의 여성 발레리나가 중심 역할을 하였다.

- 1820년대부터 하체의 화려한 움직임이 잘 보이도록 여성무용복(튀튀)의 치마 기장이 종아리 길이로 짧아졌고, 새로 고안된 토슈즈를 신고 춤을 추었다. 오늘날의 발레 테크닉이 대부분 이 시기에 완성되었다.

⑥ 로맨틱 발레 시대 최고 발레리나들의 모습

# 〈지젤〉의 작곡가 아당(Adolphe Adam, 1803~1856)

- 프랑스의 오페라 및 발레 작곡가이며, 피아노 비르투오소다. 크리스마스 캐럴 〈오 거룩한 밤(O Holy Night)〉의 작곡가로 잘 알려져 있다.

- 총 53개의 오페라 및 발레 작품을 남겼다.

- 대표작으로 〈지젤(Giselle)〉(1841)이 있다.

- 아당은 바그너의 영향을 받아서 등장인물의 캐릭터에 맞는 고정 동기를 설정하고, 음악, 연기, 무대 미술, 발레가 잘 어우러지는 종합예술로서의 면모를 갖춘 수준 높은 발레 음악을 작곡하였다.

아당

**아당의 〈지젤〉 발레 공연**
라인강 변의 한 작은 마을에 사는 사랑스러운 처녀 지젤과 그녀에게 신분을 속이고 다가 간 귀족 청년 알베르의 슬픈 사랑 이야기다. 알베르가 귀족의 신분으로 약혼녀까지 있다는 것을 알게 된 충격으로, 지젤은 심장마비로 죽어서 요정이 된다. 요정들의 여왕은 지젤의 무덤을 찾아온 알베르가 춤을 추다 지쳐서 죽게 만들라고 지젤에게 명령한다. 그러나 죽어서도 알베르를 사랑하는 지젤은 결국 이 임무를 새벽이 될 때까지 수행하지 못하고 무덤으로 빨려 들어간다.

㉠ 발레 〈지젤〉의 한 장면

⑧ 발레 〈지젤〉의 한 장면. 지젤은 귀족 청년 알베르와 즐거운 한때를 보내고 있다.

## 2. 클래식 발레(19세기 후반~20세기 초반)

- 클래식 발레는 1869년 러시아의 마린스키 극장에서 황실 발레단을 위해 최초로 기획되어 공연되기 시작하였다. 이때부터 발레의 중심지가 러시아로 옮겨 갔다.

- 발레 테크닉이 완벽하게 완성되었다.

- 발레는 일반적인 사조 변천사와 다르게 '클래식 발레 시대'가 '로맨틱 발레 시대'의 뒤에 온다. '클래식 발레'는 발레의 내용을 예고하는 듯한 서곡으로 시작하여, 솔리스트들의 춤, 2인무, 군무 등 춤 순서의 탄탄한 구성 및 출연자들의 서는 자리와 동선까지, 모든 것이 엄격한 규칙과 형식에 의해 진행된다. 클래식 발레는 이런 식으로 아카데믹한 춤의 모범이므로 발레 애호가들이 19세기 후반에 붙인 이름이다.

- 고전 발레의 대표 작품으로는 차이콥스키(Pyotr Ilyich Tchaikovsky, 1840~1893)의 〈백조의 호수〉(1875~1876), 〈잠자는 숲속의 미녀〉(1889), 〈호두까기 인형〉(1892)이 있다.

차이콥스키의 〈백조의 호수〉 발레 공연

⑨ 차이콥스키의 〈백조의 호수〉의 한 장면

# 러시아의 작곡가 차이콥스키(1840~1893)

- 40대부터 세계적인 작곡가 반열에 올라 전 세계적으로 사랑받는 러시아의 대표적인 낭만주의 작곡가다.

- 〈백조의 호수〉, 〈호두까기 인형〉, 〈잠자는 숲속의 미녀〉는 차이콥스키의 3대 발레 음악이다.

- 발레 외에 특별히 유명한 작품들
  〈교향곡 No. 6, 비창〉(1893)
  〈1812년 서곡〉(1880)
  〈피아노 콘체르토 1번〉(1875)
  〈바이올린 협주곡〉(1878)
  〈오페라 예프게니 오네긴〉(1878)

차이콥스키

⑩ 차이콥스키의 〈호두까기 인형〉

⑪ 〈백조의 호수〉

⑫ 〈호두까기 인형〉

⑬ 〈잠자는 숲속의 미녀〉

발레는 로맨틱 발레 시대를 거쳐서 클래식 발레 시대가 열리자
예술적으로 더 이상 발전할 것을 기대할 수 없을 만큼 완벽해졌다.
감동을 주는 극본, 아름답고 효과적인 오케스트라 음악,
아름다운 의상과 환상적인 무대 배경, 훌륭한 안무,
발레리나와 발레리노들의 완벽한 무용 기술과 연기력 등이
합쳐져서 최고의 예술미를 자랑하는 무용극으로 우뚝 섰다.

# III. 현대 발레

## 1. 모던 발레(20세기 초반, 신고전주의 발레)

### 모던 발레의 유래 및 진행

- 모던 발레는 문학, 음악, 미술 등 타 예술계에서의 모더니즘 물결에 동참하여 추상적이고 낯선 모습으로 변화하였고, 전통 발레에 대한 반기로 플롯, 의상, 장면 등이 명확하게 정해져 있지 않다.

- 모던 발레는 발레 흥행가인 디아길레프(Sergei Pavlovich Diaghilev, 1872~1929)가 러시아 발레단을 이끌고 모더니즘에 입각한 발레 작품들을 1909~1929년에 유럽 무대에 올린 것이 출발이다. 디아길레프가 사망한 후에도 20년 동안 모던 발레의 전통은 계속되었다.

- 디아길레프는 안무, 음악, 의상, 소품, 무대 배경 그리고 무용극으로서의 이야기 줄거리까지 모두 당시의 일류 전위 예술가들과 콜라보레이션하여 모던 발레를 창조하였다. 그는 무용가이자 안무가로는 니진스키(Vaslav Nizinskii, 1890~1950), 조지 발란신(George Balanchine, 1904~1983) 등, 작곡가로는 스트라빈스키(Igor Stravinsky, 1882~1971), 라벨(Joseph Maurice Ravel, 1875~1937), 사티(Erik Satie, 1866~1925), 프로코피에프(Sergei Prokofiev, 1891~1953) 등, 미술가로는 피카소(Pablo Picasso, 1881~1973), 마티스(Henri Émile Benoît Matisse, 1869~1954), 조르주 브라크(Georges Braque, 1882~1963) 등, 극작가로는 장 콕토(Jean Cocteau, 1889~1963) 등과 함께 공동 작업을 하였다. 당시 발레 공연은 오페라보다도 비용이 훨씬 더 많이 드는 예술 작품이었다.

러시아 발레 흥행가 디아길레프

⑭ 니진스키의 춤. 그는 높이 뛰어올라서 공중에서
잠시 정지하고 있는 듯한 대단한 점프 기술을 보였다.

스트라빈스키        피카소        장 콕토

디아길레프와 함께 일한 작곡가 스트라빈스키, 미술가 피카소, 극작가 장 콕토

# 모던 발레의 대표 작품 〈봄의 제전〉

- 스트라빈스키 음악의 〈봄의 제전(The Rite of Spring)〉.

- 태고의 러시아가 배경이다. 제물로 희생될 처녀를 뽑아 태양신에게 바친다는 내용이다. 태고의 다듬어지지 않은 단순 투박한 분위기, 처녀를 제물로 바치는 고대 종교 의식 그리고 처녀의 희생으로 종결되는 무용극이다.

- 1913년 파리 초연 당시 이교도의 제례 의식, 원시적인 분장과 무대 배경, 니진스키의 전위적인 안무, 스트라빈스키의 음악 등 모든 것이 관객에게 엄청난 충격을 주었으므로 매우 심한 야유와 공격을 받았다. 그러나 곧바로 센세이션을 일으키면서 대단한 유명세를 타고 곳곳에서 성황리에 공연이 지속되었고, 〈봄의 제전〉은 모던 발레와 초기 현대 음악의 대표 작품으로 자리매김되었다.

스트라빈스키의 〈봄의 제전〉 발레 공연

⑮ 발레 〈봄의 제전〉 중에서

# 〈봄의 제전〉에 쓰인 발레 음악의 특징

스트라빈스키의 〈봄의 제전〉은 발레 음악으로서뿐만 아니라, 20세기 초반 현대음악을 대표하는 오케스트라 작품으로 단독 연주된다. 〈봄의 제전〉에는 당시로서는 매우 낯선 전위음악적인 요소가 다분히 내재되어 있다. 불규칙한 악센트와 빈번하게 바뀌는 박자, 타악기처럼 연주하는 오케스트라의 음향 등은 관객에게 원시적 에너지를 느끼게 한다. 여기에 불협화음이 난무하는 복잡한 화성, 폴리리듬, 복조성, 오스티나토 등의 기법이 가세한다.

빈번하게 바뀌는 박자. 〈봄의 제전〉 파트 I 의 시작 부분이다.

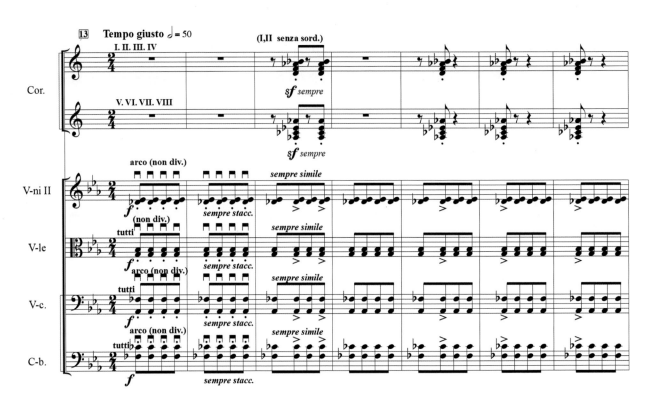

군무 장면에 연주되는 불규칙한 악센트의 리듬과 복조성, 그리고 타악기처럼 연주하는 오케스트라

폴리리듬. 다른 모든 악기는 모두 2등분되는 박자로 연주를 하는데, 악보의 맨 아래쪽에 위치하고 있는
첼로와 콘트라베이스는 3등분되는 박자로 연주한다.

# 2. 포스트모던 발레(20세기 중, 후반 이후)

- 디아길레프의 시대가 지나간 후 세계 각국에는 발레공연 제작사가 우후죽순처럼 나타나서 각기 새로운 창작 작품들을 발표하였고, 현재도 발표하고 있다. 클래식 발레, 모던 발레, 모던 댄스 등의 테크닉 위에, 다른 포스트모던 예술의 미학을 받아들였다. 고전 발레의 원칙을 지키는 가운데 새로운 요소를 가미하는 방법에서부터 대단히 전위적인 방법까지 매우 다양한 방법으로 창작을 하므로 어떤 것이 포스트모던 발레이며, 음악은 어떤 음악을 사용하는지에 대하여 규정하기 어렵다.

- 20세기 후반 이후 특별히 유명한 발레 무용수이자 안무가로는 누레예프(Rudolf Nureyev, 1938~1993)와 포사이드(William Forsythe, 1949~ )가 있다. 누레예프는 전통 클래식 발레의 춤을 기반으로 하여 발레리노의 파워 발레를 창조하였으며, 포사이드는 신체의 각 부분이 제각기 독립적으로 움직이게 하는 매우 실험적인 춤을 시도하였다.

⑯ 누레예프의 파워 발레의 한 장면

누레예프가 마고 폰테인(Margot Fonteyn, 1919~1991)과 함께하는 클래식 발레 공연.
전통 발레 기술을 기반으로 하여 남성 역할의 파워 발레를 보여 준다.

⑰ 포사이드 춤의 한 동작

포사이드의 매우 전위적인 몸동작의 솔로 발레

⑱ 모던 발레의 한 장면

# 14

## 교향시
### −오케스트라가 들려주는 이야기

① 하이든, 모차르트의 시대에는 오케스트라의 규모가 최대 30~40명 정도였으나, 19세기 초반인 베토벤의 시대부터 그 규모가 커지기 시작했다. 19세기 중반을 거쳐서 19세기 후반 바그너와 말러의 시대에 들어서면 120명까지로 규모가 늘어난다.

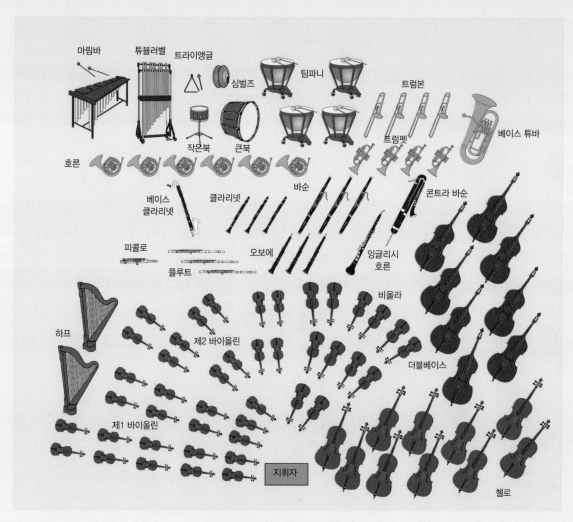

낭만주의 시대의 오케스트라 배치도

# 낭만주의 시대의 오케스트라

- 낭만주의 시대의 오케스트라는 고전주의 시대의 오케스트라와 비교할 때 규모가 대단히 크다. 현악기와 관악기를 중심으로 악기 수가 크게 늘어 음향이 풍부해졌다. 또한 관악기와 타악기의 종류가 다양해지고 숫자가 많아진 것이 눈에 뜨인다. 때에 따라서 특정 지역의 민속 악기 등 이색적인 악기가 첨가되기도 한다.

- 이와 같은 변화는 베토벤의 오케스트라부터 보이기 시작하였다. 베토벤은 그의 〈교향곡 No. 3, No. 5, No. 6, No. 9번〉에 '영웅적인 느낌', '운명의 두드림', '전원에 도착하여 느껴지는 기분', '고난을 극복함으로써 느껴지는 환희'를 표현할 수 있는 음색과 음향을 추구하기 위하여 오케스트라의 악기 편성을 신중하게 검토하였다. 그는 예전의 오케스트라에는 없던 피콜로, 콘트라바순 등을 영입하였고, 필요한 곳에 자신의 의도에 걸맞은 효과적인 음향을 내기 위하여 특정 악기의 소리를 부각시켰다. 나아가서 대규모 합창과 솔리스트의 솔로 및 중창으로 인성까지 합세시켰다. 이러한 베토벤의 새로운 시도는 낭만주의 작곡가들에게 영향을 주었고, 이들은 오케스트라를 통하여 자신이 원하는 음색과 음향을 얻으려고 시도하였다. 결과적으로 낭만주의 시대의 시간이 흐를수록 오케스트라의 규모는 증대되었다.

- 낭만주의 시대의 오케스트라는 매우 섬세하고 다양한 색채의 음향을 능수능란하게 구사할 수 있어야 했다. 작곡가들은 자신이 원하는 소리를 얻기 위해서 관현악법 연구에 매진하였다. 베를리오즈는 명저『관현악법 논서(Treatise on Instrumentation)』(1844) 를 남기는 등 유명 작곡가들의 관현악법 저서들이 출간되었다.

- 오케스트라가 대규모로 커진 반면에 소규모의 실내악단이나 금관 합주(브라스밴드) 등도 동시에 존재하였다.

② 모차르트의 교향곡을 연주하는 오케스트라

③ 베를리오즈의 교향곡을 연주하는 오케스트라

②는 모차르트의 〈교향곡 No.41 C장조, 주피터〉(1788)를 연주하는 오케스트라 사진이고, ③은 베를리오즈의 〈환상 교향곡〉(1830)을 연주하는 오케스트라 사진이다. '주피터'라는 별칭은 이 곡이 웅장하므로 붙여진 것이고 모차르트가 붙인 것은 아니다. 모차르트는 교향곡 형식에 의한 순수 절대음악을 작곡한 것이다. 이에 반해서 베를리오즈는 본인이 경험한 실패한 사랑 이야기에 대한 환상을 구체적으로 그렸다. '여인을 만나고, 배반한 연인을 살해하고, 단두대에서 사형을 당한 후, 그의 장례식에서 요괴와 마녀들이 기괴한 축하연을 한다'는 이야기를 5악장으로 나누어서 표현하였다. 이렇게 다양한 사건의 전개와 감정의 드라마틱한 변화를 악기 소리로 표현하려면 더 큰 규모의 오케스트라가 필요했다.

# 1. 교향시는 표제음악의 대표적인 존재

---

**1) 표제음악(Program music)이란**

- 클래식 기악 작품에만 해당된다.

- 19세기에 본격적으로 발달된 장르다. 작곡가 자신이 직접 표제를 붙이고, 그 표제와 일치하는 내용을 음악적으로 묘사하는 기악곡을 말한다.

- 표제는 당시 유행하였던 문학, 미술, 철학 등과 관계되는 음악 외적인 내용이다.

- 작곡가는 자신이 음악으로 들려주는 어떤 이야기를 청중이 언어적으로 정확히 이해하기를 원하기 때문에 표제뿐 아니라 이야기의 구체적인 내용 전개까지도 프로그램에 적어 놓기도 한다.

- 절대음악(Absolute music)과 반대되는 개념이다. 절대음악은 음악 외적 내용을 배제하고 순수한 음의 논리적 조합으로만 작곡함으로써 소리의 아름다움을 추구하였다. 따라서 표제 없이 형식 또는 장르와 번호로 구분된다.

# 표제가 있어도 표제음악이 아닌 경우

- 출판사가 판촉을 목적으로 적당한 표제를 붙인 경우나 작곡가 외의 다른 사람이 음악에 대한 이미지를 마치 별명처럼 붙여 놓은 표제인 경우

- 헌정받는 사람의 이름이 표제인 경우

- 해당 작품에서 작곡 이론과 관계되는 음악 용어가 표제인 경우

- 그러나 표제음악과 절대음악의 중간 형태도 있다. 다음은 음악 외적 제목이나 설명이 있더라도 완전한 표제음악이라고 할 수 없는 경우의 예다.
  ① 소나타 형식 등 음악 형식을 엄격히 지키고 있으면서, 새소리 등 자연의 소리 모방이 일부 들어 있는 경우
  ② 베토벤의 〈전원 교향곡〉이나 대부분의 성격 소곡처럼 표제가 붙어 있긴 하지만, 전체적으로 시적인 분위기만 살짝 전하는 정도에서 그치는 악곡인 경우

## 2) 교향시는 표제음악의 대표적인 존재

리스트의 사진(1858)

- 교향시(symphonic poem)는 리스트가 창시한 관현악을 위한 표제음악의 일종이다. 절대음악인 교향곡을 바탕으로 문학이나 역사, 사상, 그림 등의 이야기가 결합된 형태다. 자유 형식이며, 단악장 구성이다.

- 리스트는 오페라의 내용을 미리 드러내 주는 '서곡(overture)'에서 아이디어를 얻은 듯하며, 실제로 그가 교향시를 작곡하기 시작할 때 '서곡'을 교향시로 편곡하기도 하였다. 그리고 작곡 기법은 베토벤의 〈9번 교향곡〉과 베를리오즈의 표제적 교향곡인 〈환상 교향곡(Symphonie Fantastique)〉으로부터 영향을 받았다. 그는 1848년부터 1858년 사이에 교향시를 13곡 작곡하였다. 대표작은 〈전주곡(Les Préludes)〉(1848)이다.

리스트의 교향시 〈전주곡〉
프랑스의 시인 라마르틴(Alphonse de Lamartine, 1790~1869)의 『시적 명상』에서 발췌한 "인생은 태어난 순간부터 죽음으로 가는 전주곡이다."라는 글을 교향시로 작곡한 것이다.

- 교향시는 낭만주의 시대가 낳은 독창적인 새로운 장르다. 하이든 이후 전통을 이어 오던 교향곡과 대립 구도를 보이며 19세기 중반 이후 유행, 사랑을 받으며 전 세계적으로 퍼졌다.

- 프랑스의 드뷔시(Claude Achille Debussy, 1862~1918), 생상스(Camille Saint-Saëns, 1835~1921), 폴 뒤카(Paul Abraham Dukas, 1865~1935), 독일의 슈트라우스(Richard Georg Strauss, 1864~1949) 그리고 러시아 및 세계의 민족주의 작곡가들이 교향시의 걸작을 남겼다.

# 민족주의 음악(Nationalism in Music)

유럽의 예술 음악은 중세 시대 이래로 이탈리아, 프랑스, 독일의 작곡가들에 의해 주도되어 왔다. 그러나 19세기 중반에 들어서자 유럽의 예술 음악계에는 여태껏 존재감이 전혀 없었던 나라들이 자국의 민족적인 색채를 부각시키면서 두각을 나타내기 시작하였다. 민족주의 음악은 러시아부터 시작되어 체코슬로바키아, 노르웨이, 스페인 등 유럽 변방의 각 나라로 퍼져 나갔다. 그들은 클래식 음악의 전통적인 형식 체계나 악기 등을 그대로 사용하면서, 작곡가 조국의 민요나 민족 설화 등 민족 고유의 문화 및 정신을 표현하였다. 이러한 행렬은 20세기 이후의 현대음악까지 이어진다.

민족주의 음악 중에서 관현악 편성으로 작곡된 작품은 자연스레 교향시의 형태를 띠는 경우가 흔하다. 작곡가가 자신의 작품에 조국애가 담긴 이야기를 담아서 청중에게 전달하려 하기 때문이다. 그러나 민족주의 음악의 바람직한 방향은 작품이 민족의 좁은 테두리를 넘어서 전 세계인에게 사랑받을 수 있는 독창적인 예술 음악의 창조에 있다. 민족주의 작곡가로서 명성이 높은 작곡가들은 이러한 방향으로 성공한 인물들이다.

- 민족주의 음악의 대표적인 작곡가
  ① 러시아: 보로딘(Alexander Borodin, 1833~1887), 무소르그스키(Modest Mussorgskij, 1839~1881),
     림스키 코르사코프(Nikolai Rimski-Korsakow, 1844~1908), 차이콥스키, 스트라빈스키, 프로코피에프
  ② 체코: 스메타나(Bedřich Smetana, 1824~1884), 드보르작(Antonín Dvořák, 1841~1904)
  ③ 노르웨이: 그리그(Edvard Grieg, 1843~1907)
  ④ 핀란드: 시벨리우스(Jean Sibelius, 1865~1957)
  ⑤ 스페인: 알베니즈(Isaac Albéniz, 1860~1909), 파야(Manuel de Falla, 1876~1946)

⑥ 영국: 엘가(Edward Elgar, 1857~1934), 본 윌리엄즈(Vaughan Williams, 1872~1958),

　홀스트(Gustav Holst, 1874~1934)

⑦ 헝가리: 버르토크(Béla Bartók, 1881~1945), 코다이(Zoltan Kodaly, 1882~1969)

| 보로딘 | 무소르그스키 | 림스키코르사코프 | 스메타나 | 드보르작 | 그리그 | 시벨리우스 |

| 알베니즈 | 파야 | 엘가 | 본 윌리엄즈 | 홀스트 | 버르토크 | 코다이 |

민족주의 작곡가들

## 2. 개혁파의 교향시 vs 보수파의 교향곡

- 교향시는 베를리오즈, 리스트, 바그너 등 당시의 혁신파 작곡가들에 의해서 개척된 새로운 장르다. 문학, 철학, 미술 등과 관계되는 음악 외적인 표제를 가지고 있으며, 이야기 전개의 개요를 프로그램에 싣기도 한다. 이야기 전개가 우선이므로 형식은 자유로워질 수밖에 없으며, 단악장 구성이 일반적이다.

- 관현악 음향의 색채를 섬세하게 구사하여 악곡에 투영함으로써, 작곡가는 자신이 전달하고자 하는 이야기를 음악으로 실감나게 묘사하려고 노력한다. 결과적으로 관현악법이 크게 발달하는 계기가 되기도 하였다.

- 음악 외적인 것을 음악으로 표현하기 위하여 모든 수단을 동원하는 교향시는 음악으로 표현할 수 있는 한계에 대한 도전을 지속적으로 하였다. 그러나 교향시는 이러한 특성으로 인하여 전통적인 화성학, 음악 형식, 악기 편성에서 멀어질 수밖에 없었으므로 음악미학적 논쟁의 중심에 서게 되었다.

- 브람스와 음악 비평가 한슬릭(E. Hanslick, 1825~1904)을 위시한 동시대의 보수파 음악가들은 하이든, 모차르트, 베토벤, 슈베르트로 전통을 이어 오던 절대음악인 교향곡을 지지하였다. 음악은 순수 음악적인 요소로만 작품을 구상하는 것이 원칙이라고 주장하였다. 청중에게 음악으로 음악 외적인 것을 알리기 위해서 작품을 만든다는 것은 그 자체가 모순인 것이며, 음악 외적인 것을 묘사하기 위해서 음악 형식을 무시하고 괴상한 음향을 만들어 낸다며 맹렬한 비난을 퍼부었다. 개혁파와 보수파는 필설로 서로 신랄한 비판을 하였으며, 이러한 미학적 논쟁은 낭만주의 시대가 종료될 때까지 계속되었다.

④ 베를리오즈가 〈환상 교향곡〉을 1830년에 파리에서 발표하자,
유럽 음악계는 충격에 휩싸였다. 이 판화는 1846년에 제작된 것으로,
베를리오즈의 요란한 음악을 듣고 충격받는 독일 청중의 모습을 그린 것이다.

개혁파의 거두 베를리오즈

보수파의 거두 브람스

무소르그스키의 〈민둥산의 밤 (Night on Bald ountain)〉(1867)

 림스키코르사코프의 〈세헤라자데 (Scheherazade)〉(1888)

 시벨리우스의 〈핀란디아 (Finlandia)〉(1900)

 뒤카의 〈마법사의 제자(The Sorcerer's Apprentice)〉(1897)

 드뷔시의 〈바다(La Mer)〉(1903~1905)

 리하르트 슈트라우스의 〈자라 투스트라는 그렇게 말했다(Also sprach Zarathustra)〉(1896)

 틸 오일렌슈피겔의 〈유쾌한 장난(Till Eulenspiegels lustige Streiche)〉(1894~1895)

⑤ 『세헤라자데와 술탄(천일야화)』의 이야기를 림스키코르사코프가 교향시로 작곡했다.

⑥ 괴테의 시(14절로 구성된 발라드) 『마법사의 제자』(1882)의 삽화. 뒤카가 교향시로 작곡했다.

음악 상식

## 스메타나의 교향시 〈나의 조국(Má vlast)〉

- 몰다우강[체코어로 블타바강(Vltava)]은 전 길이 430km로 보헤미아 산맥 고지에 있는 두 개의 샘에서 발원하여 따뜻한 물과 차가운 물의 두 시냇물이 합쳐져서 큰 폭의 강을 이루고, 프라하를 관통하여서 엘베강과 합류한다.

⑦ 두 개의 시냇물이 합치는 지점

⑧ 프라하 시내를 관통해 흐르는 몰다우강

스메타나의 교향시 '몰다우강(The Moldau)' 〈나의 조국(Má vlast)〉(1874~1879) 중

- 〈나의 조국〉은 체코의 민족주의 작곡가 스메타나가 1874년에서 1878년 사이에 지은 6곡으로 구성된 모음곡 형태의 교향시다. 각 곡은 체코의 역사, 전설, 경관을 묘사하는 가운데, 〈몰다우강〉은 두 번째 곡(제2악장)이다. 이 작품 중에서 가장 유명하여 독립적으로 연주하는 경우가 많다. 교향시 〈몰다우강〉은 강의 흐름과 함께하는 체코 여행이다.

음악 상식

# 교향시 〈몰다우강〉이 들려주는 체코의 이야기

따뜻한 물과 차가운 물의 두 시냇물이 합쳐지고(①), 넓은 폭의 강이 된다(②). 숲에서는 예부터 체코인들에게 중요했던 사냥을 한다(③). 그리고 농부들은 결혼식에서 폴카 댄스를 추며 즐겁고 행복해한다(④). 날이 저물어 밤이 되자 은은한 달빛 아래서 요정들이 춤을 춘다(⑤). 몰다우강은 물살이 급류로 바뀌어서 물보라를 일으키며 장관을 연출한다(⑥). 이제 몰다우강은 급류를 벗어나서 도도한 물결을 자랑하며 위풍당당하게 흐른다(⑦).

① 몰다우강의 발원지에서 들리는 시냇물의 물결소리를 플루트가 톤페인팅으로 그린다.

② 〈몰다우강〉의 주제다. 이 모티브는 이 작품에서 여러 번 등장하면서 몰다우강의 여러 모습을  하나로 묶어 준다. 완벽하게 아름다운 감동적인 선율이다.

(ㄱ)

(ㄴ)

③ 몰다우강이 보헤미아 숲을 지나가고(ㄱ), 숲에서는 호른이 연주하는 낯익은 사냥나팔 소리가 들린다(ㄴ).

④ 농부들은 결혼식 축하연에서 현악기가 반주해 주는 폴카 댄스를 신나게 추며 행복한 한때를 보낸다.

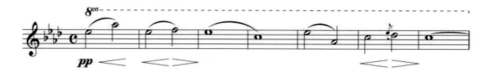

⑤ 날이 저물자 요정들은 달빛을 받으며 긴 호흡의 평화로운 멜로디에 맞추어 하느작거리며 춤을 춘다.

⑥ 몰다우강은 급류에  물살이 거세어지면서 물보라를 일으킨다. 거세고 힘찬 물결의 운동을 관현악과 타악기가 합
세하여 매우 장관을 연출한다.

⑦ 몰다우강은 다시 넓고 넓은 강폭을 자랑하며 도도하고 위풍당당하게 흐른다. 단조이던 곡이 장조로 바뀌어 화려
하고 자랑스러운 모습이다. 체코인들이 미약한 힘에서 출발하지만 체코 민족이 가지고 있는 여러 가지 저력으로
인하여 결국은 대단한 영광의 길을 걷게 된다는 의미다.

⑨ 바다에 파도가 치고 있다. 시시각각으로 변화하는 바다의 모습은 드뷔시의 〈바다〉와 같은 교향시의 좋은 소재가 되었다.

# 15

# 19세기 클래식 오락 음악

① 요한 슈트라우스의 오페레타 〈박쥐〉 중 '샴페인 송' 장면

② 19세기 댄스홀의 광경

## 1. 진지한 음악과 오락 음악의 분류

---

진지한 음악[serious music(영어), Ernste Musik(독일어)]과 오락 음악[light music(영어), Unterhaltungsmusik(독일어)]은 20세기에 생성된 개념이다. 그러나 두 음악 사이에 경계선을 확실히 그을 수는 없다. 진지한 음악과 오락 음악에 속하는 음악 장르는 대체로 다음과 같이 분류된다.

- 진지한 음악: 예술 음악, 클래식 음악

- 오락 음악: 대중적인 음악, 상업적인 음악(팝, 록, 가요, 재즈나 민요 등)

# 2. 19세기의 진지한 음악과 오락 음악

19세기에도 진지하게 감상하는 음악과 오락을 목적으로 하는 음악이 존재하였다.

• 진지한 음악은 음악 감상을 목적으로 한다. 예를 들면, 오페라, 교향곡, 콘체르토 등이다.

• 오락 음악은 음악 감상이 주목적이 아니라 오락, 사교 등 다른 목적을 위해서 음악이 촉매 역할을 하는 경우다. 예를 들면, 오페레타(operetta), 무도회의 음악(ballroom dance music), 식탁 음악(table music, background music) 등이다.

• 왈츠의 황제 요한 슈트라우스(Johann Strauss II, 1825~1899)는 실제로 춤을 추기 위한 왈츠, 폴카 등과 경가극인 오페레타를 작곡하여 인기몰이를 함으로써 당시 음악계의 비판을 많이 받았다.

③ 오펜바흐의 희가극을 "테아트르 데 부프 파리지엥(Théâtre des Bouffes-Parisiens)" 극장에서 관람하고 있는 관객들의 캐리커처다(1860년경). 옷차림으로 보아 귀족이 아니고 도시의 중산층인 듯한 관객들이 공연을 보며 매우 즐거워하고 있다. 이 극장은 오펜바흐가 1855년에 파리에 건립하여 자신의 희가극 작품들을 계속 상영하면서 오페레타의 산실 역할을 하였다. 약칭 "테아트르 파리지엥"은 오늘날까지 존재하고 있고, 주로 현시대의 코미디 작품들을 무대에 올리고 있다.

# 1. 오페레타(희가극, 경가극)

---

- 오페라와 비슷하다.

  오페라는 공연 전체가 전부 음악으로 진행되지만, 오페레타는 레치타티보가 없고 대사로 말한다. 오페라에서 다루는 내용은 주로 슬픈 사랑 이야기다. 반면에 오페레타는 주로 세태 풍자를 코믹하게 다룸으로써, 오페레타 관객들은 공연을 관람하는 도중에 수차례씩 폭소를 터트리면서 공연을 즐기게 된다. 오페라의 음악은 희로애락의 감정이 다양하고 섬세하게 펼쳐진다. 오페라의 결말은 비극적이므로 음악도 그에 상응한다. 그러나 오페레타는 대부분 경쾌하고 달콤한 음악으로 진행된다. 오페라의 무대 분위기는 화려한 모습일 때도 있지만 초라하고 어두운 경우도 흔하다. 반면에 오페레타는 밝고 화려한 무대 배경, 등장인물들의 유쾌한 대화, 흥겨운 댄스 등으로 공연 분위기가 요란하다.

- 뮤지컬과 혼동하기 쉽다.

  오페레타와 뮤지컬은 레치타티보 없이 대사로 말하고, 공연 분위기가 매우 흡사해서 서로 혼동하기 쉽다. 그러나 오페레타는 19세기 중엽에 유럽에서 발생하여 유럽의 세태를 풍자한 음악극이고, 뮤지컬은 미국 브로드웨이에서 발달한 현대 음악극의 한 장르다. 따라서 뮤지컬은 미국 중류층의 이야기를 영어로 진행하는 음악극이며 재즈가 내포되어 있다. 그러나 20세기 후반부터는 대중 음악극을 통칭하는 의미로 사용하기도 한다.

④ 레하르의 〈유쾌한 과부〉의 한 장면

〈유쾌한 과부〉를 위시한 19세기의 오페레타는 세태를 익살맞고 우스꽝스럽게 풍자하는 내용과 그에 어울리는 달콤하고 경쾌한 음악과 춤 등으로 관객들을 즐겁고 유쾌하게 유도하는 공연으로 오락 음악 장르에 속한다.

# 특별히 유명한 오페레타 세 작품

### 1) 오펜바흐의 〈천국과 지옥〉(1858)

- 오펜바흐(Jacques Offenbach, 1819~1880)는 프랑스 국적의 유대인으로 오페
  레타의 창시자다.

- 〈천국과 지옥〉의 원제는 〈지옥의 오르페우스(Orpheus in the Underworld)〉다.
  로마신화 〈오르페우스〉의 내용을 뒤집어 놓음으로써 희극화한 작품이다. 부부인
  오르페오와 에우리디체는 각자 다른 이를 사랑하고 있다. 에우리디체가 뱀에 물
  려서 갑자기 죽자 오르페오는 내심 기뻐하지만, 여론에 떠밀려서 아내를 구하러
  저승 세계로 간다. 한편 저승 세계에서는 주피터가 에우리디체에게 한눈에 반해
  버린 상황이다. 주피터는 오르페오에게 에우리디체를 데려가되 죽음의 강을 건
  널 때까지 뒤를 돌아보면 안 된다고 한다. 오르페우스가 에우리디체를 이끌고 저

오펜바흐

승 세계를 겨우 다 빠져나오려는 순간에 갑작스런 천둥소리에 뒤를 돌아다보고 만다. 그러나 이 실패는 그 두 사람
에게 기쁨을 안겨 준다. 오르페우스는 이승의 옛 애인에게 다시 갈 수 있고, 에우리디체는 주피터와 잘될 수 있기
때문이다.

⑤ 캉캉을 추는 무희

〈천국과 지옥〉 중 유명한 댄스 장면 '캉캉'

## 2) 요한 슈트라우스 2세의 〈박쥐〉(1874)

- 요한 슈트라우스 2세(Johann Strauss II., 1825~1899)는 오스트리아의 작곡가이자 지휘자다. 왈츠 〈빈 숲 속의 이야기〉, 〈아름답고 푸른 도나우강〉 등을 작곡한 왈츠의 황제로서, 오페레타 작곡에도 두각을 나타냈다.

- 오페레타 〈박쥐(Die Fledermaus)〉는 가식과 허영에 들뜬 당시 빈 상류 사회에 대한 풍자다. 고리대금업을 하는 허풍쟁이이자 바람둥이 남편, 그의 재력만 보고 결혼한 속물 아내, 연예계에 진출하려는 꿈을 안고 온갖 수단을 다하는 여자 몸종 등이 중요 인물로 등장한다. 어느 날 저녁에 이들이 화려한 파티에 참석하게 되면서 여러 가지 우스꽝스러운 일들이 벌어진다. 이 작품에도 역시 요한 슈트라우스의 특기인 왈츠와 폴카가 여러 곡 수록되어 있다.

요한 슈트라우스 2세

⑥ 오페레타 〈박쥐〉의 한 장면

오페레타 〈박쥐〉의 주요 음악들

## 3) 레하르의 〈유쾌한 과부〉(1905)

- 레하르(Franz Lehár, 1870~1948)는 헝가리의 작곡가다. 오페레타 30여 작품을 작곡하였으며, 그밖에 소수의오페라, 징슈필, 뮤지컬 작품들을 남겼다. 〈유쾌한 과부(Merry Widow)〉가 대표작이며, 이 작품으로 백만장자가 되었다고 한다.

- 〈유쾌한 과부〉는 남편의 사망으로 막대한 유산을 상속받은 여주인공이 결혼 전에 서로 좋아했던 사람과 다시 맺어지는 과정을 즐겁고 달콤하게 다루었다.

레하르

⑦ 오페레타 〈유쾌한 과부〉의 한 장면

 '입술은 침묵하고' 〈유쾌한 과부〉 중

 '당신은 나의 전부' 〈유쾌한 과부〉 중

## 2. 무도회 댄스와 음악

---

- 무도회 댄스(사교댄스)는 16~17세기경 이탈리아와 프랑스 궁정에서 궁정 댄스(court dance)로부터 시작되었다.

- 무도회 댄스는 궁정 댄스와 민간에서 추던 포크댄스가 서로 영향을 주고받으면서 만들어진 민중적인 볼 댄스를 말한다. 18세기 중반부터 성행하였다.

⑧ 악사가 왈츠를 연주하는 가운데 왈츠를 추고 있다. 19세기 풍경이다.

314

# 19세기의 대표적인 무도회 댄스 5종류와 음악

### 1) 카드리유(Quadrille)

• 18세기 후반부터 19세기까지 유럽에서 유행한 춤
이다. 미국의 스퀘어 댄스에서 유래하였다고 하며,
20세기 이후에는 세계 각국에 '포크댄스'라는 이름
으로 알려졌다.

⑨ 카드리유를 추려고 준비하고 있는 모습

• 남녀 커플이 4조(8명)로 구성되어 4각 구도를 이루고
춤을 춘다.

• 카드리유는 피날레 춤까지 합쳐서 모두 5~6부분
으로 구성되어 있다. 각 부분의 댄스 음악은 대부분
2/4박자고 6/8박자는 한두 부분 정도만 있다. 음악은 대중적으로 잘 알려져 있는 멜로디를 메들리로 구성하여 사
용하는 등 흔히 잘 알려져 있는 곡을 사용한다.

 카드리유 스텝 6/8, 2/4

 카드리유 댄스

315

## 2) 왈츠(Waltz)

• 오스트리아 민속춤 랜들러(Ländler)에서 발전되었다고 한다.

• 왈츠는 1770년경부터 전 유럽에서 유행하기 시작하였으며, 18세기 말에서 19세기 초에는 풍기문란이란 이유로 금지 댄스로 지정되기도 했다. 알레망드, 미뉴에트 등 왈츠 이전의 댄스는 정해진 파트너가 없으며 남녀 간에 신체적 접촉이 거의 없었다. 그런데 왈츠는 남녀가 쌍을 이루어서 춤추며, 합의가 되면 파트너를 바꾸지 않고 여러 곡씩 계속하여 춤을 추는 것이 가능했다. 보수적인 사회였던 그 당시로서는 춤을 추는 남녀의 기본 포지션부터 상당히 문제가 있다고 생각했던 것 같다. 그럼에도 불구하고 젊은이들은 왈츠를 대단히 즐겼고, 왈츠를 추기 위한 댄스홀의 숫자는 19세기 초부터 엄청나게 불어났다. 큰 댄스홀에서는 하루 저녁에 6천 쌍 이상이 왈츠를 추었다고 한다. 19세기 중반에는 파리에만도 400여 곳의 왈츠 댄스홀이 있었다.

• 3/4 또는 6/8 박자의 경쾌한 춤곡이다.

• 왈츠 리듬

⑩ 요한 슈트라우스 2세가 지휘하는 댄스홀

• 왈츠 댄스

 왈츠의 모체 랜들러(영화 '사운드 오브 뮤직'에서)

 왈츠 스텝

 왈츠 댄스(영화 '전쟁과 평화'에서)

## 3) 폴카(Polka)

• 1830년대 보헤미아 지역에서 발달한 2/4박자의 활동적인 춤이다.

• 폴카 리듬

• 폴카 댄스

 폴카 스텝     폴카 댄스

⑪ 폴카를 추는 한 쌍의 젊은이

## 4) 마주르카(Mazurka)

- 폴란드 민속춤에서 유래되었다. 3/4박자 또는 3/8박자다.

- 마주르카 리듬

쇼팽의 〈마주르카 F# 단조 Op. 59 No.3〉

- 마주르카 댄스

마주르카 댄스

⑫ 마주르카 댄스 공연 장면

## 5) 갤롭(Galop)

• 헝가리에서 발생하여 19세기에 영국과 프랑스에서 유행한 매우 활발한 춤이다.

• 갤롭 리듬

• 갤롭 댄스

 갤롭 스텝

 갤롭 댄스

⑬ 갤롭을 추는 한 쌍의 젊은이

제5부

# 20세기 음악

# 16

## 20세기 전반

19세기 말부터 20세기 초에 걸쳐서 전화기(1876)와 전구 발명(1879), 축음기 시판(1889), 비행기 발명(1903), 라디오방송 시작(1906) 등 과학이 눈부시게 발전하였다.

③ 1877~1878년에 사용한 미국 벨 전화기　④ 1879년에 에디슨이 발명한 카본 필라멘트 전구　⑤ 1896~1928년에 시판한 에디슨 축음기

⑥ 비행기의 발명으로 인류는 짧은 시간 내에 세계로 여행할 수 있게 되었다. 사진은 1940년의 여객기 모습이다.

⑦ 1906년 12월 24일 라디오방송을 시작했고, 첫 방송의 첫 노래로 〈거룩한 밤〉이 전파를 탔다.

제1차 세계대전(1914~1918)과 제2차 세계대전(1939~1945)의 참상을 인류는 뼈저리게 경험하게 되었다.

⑧ 제1차 세계대전의 전투 모습이다.

⑨ 제1차 세계대전 중 부상병들을 치료하고 있다.

⑩ 제2차 세계대전. 뉘른베르크 옛 도시가 비행기 폭격으로 파괴된 모습이다. 26,000명이 사망하였다(1945).

⑪ 제2차 세계대전. 나가사키에 원자폭탄이 투하되는 장면이다 (1945). 미국은 히로시마와 나가사키에 원자폭탄을 각각 1개씩 투하함으로써 일본의 무조건 항복을 받아 냈다. 그러나 순식간에 20여만 명 이상의 사망자를 내었고, 원폭이 터질 때 나온 방사선 피해로 현재까지 고통받는 사람들이 많다.

# 1. 20세기 전반의 모더니즘 예술

---

- 19세기 말부터 과학 기술은 갑작스럽게 획기적으로 발전하기 시작하였고, 다른 한편으로는 제1차, 제2차 세계대전을 앞두고 사회적 불안과 국제적 긴장이 고조되고 있었다. 사람들은 원치 않아도 새로운 미지의 세계로 들어서고 있음을 직감하였다.

- 예술은 전통과 단절하고 현대성을 지향하였다. 19세기 낭만주의의 순진한 주정성(主情性)을 배격하고, 객관적, 주지주의적인 방향으로 나아갔다. 모더니즘(Modernism, 현대주의)은 아방가르드(Avant-Garde, 전위예술)와 동의어로 쓰였다.

- 표현 방법으로는 대상을 사실적으로 세밀하게 묘사하는 것보다, 대상의 이미지를 포착하는 것이 진실에 더 가깝게 접근하는 방법이라고 여겼다.

- 미술: 추상미술. 사물의 정확한 묘사가 아니고, 대상의 특징을 극대화시킨다.

- 문학: 다다이즘, 초현실주의. 운율을 맞추고 언어로 꾸미는 방식 등의 의식이나 의도를 배격하고, 무의식의 세계를 무의식의 상태에서 문예작품을 제작하는 자동기술법 등을 통해 진실에 더 가까이 다가선다고 생각한다.

• 음악: 화성법, 악기 편성, 연주 테크닉 등에 있어서 실험적인 시도가 실행되기 시작하였다. 바로크 시대부터 300년 이상 내려오던 화성법, 음악 형식 등 음악 전통을 단절시키는 방향으로 진행되어 갔다.

⑫ 〈인상 III 콘서트(Impression III Concert)〉(1911) 칸딘스키(Wassily Kandinsky, 1866~1944) 추상화
칸딘스키가 쇤베르크의 음악회에 대한 인상을 추상화로 그린 그림이다. 중앙에 위치한 검은색의
피아노로부터 노란색의 음악이 쏟아지고 있으며, 관객들이 피아노를 주시하고 있다.

알베르 지로(Albert Giraud, 1860~1929)의 초현실주의 시
〈달에 홀린 피에로(Pierrot lunaire)〉 중 '밤'

－알베르 지로, 김미애 역시

암흑, 검은빛 거대한 나비들이
태양의 광채를 죽였다.
한 권의 덮인 마술 책
수평선은 휴식하고 …… 침묵한다.

잃어버린 해연의 안개로부터
악취가 올라온다, 살인을 기억하며!
암흑, 검은빛 거대한 나비들이
태양의 광채를 죽였다.

그리고 하늘로부터 땅을 향하여
무거운 몸짓으로 보이지 않는 괴물은
인간의 가슴에 내려 앉는다…….
암흑, 검은빛 거대한 나비들이.

Finstre, schwarze Riesenfalter

Töteten der Sonne Glanz.

Ein geschlossnes Zauberbuch,

Ruht der Horizont—-verschwiegen.

Aus dem Qualm verlorner Tiefen

Steigt ein Duft, Erinnrung mordend!

Finstre, schwarze Reisenfalter

Töteten der Sonne Glanz.

Und vom Himmel erdenwärts

Senken sich mit schweren Schwingen

Unsichtbar die Ungetume

Auf die Menschenherzen nieder……

Finstre, schwarze Riesenfalter.

- 〈달에 홀린 피에로〉는 전통적인 시 작법의 리듬이나 운율이 없고, '밤'이 인간에게 불안과 공포의 대상으로 느껴지는 것을 초현실적으로 표현하였다. 초현실주의(Surrealism)는 20세기 초반의 예술 사조. 프로이트의 영향으로 이성의 지배에 의한 세계보다 무의식의 세계 내지 꿈의 세계가 진실에 더 접근할 수 있는 길이라고 여긴다. 공상과 환상의 세계를 중요시한다.

- 〈달에 홀린 피에로〉는 초현실주의 시인 알베르 지로가 불어로 쓴 동명의 시를 하르트레벤(Otto Erich Hartleben, 1864~1905)이 독일어로 번역하여 시집을 발간(1873)한 것이다. 쇤베르크(Arnold Schönberg, 1874~1951)는 총 50수 중에서 21수를 발췌하여 소프라노 1인과 실내악 앙상블이 연주하는 멜로드라마(melodrama)로 작곡(Op. 21)하였다. 〈밤〉은 8번째 곡이다.

# 2. 1900~1910년의 모더니즘

음악사에서는 이 시기를 후기 낭만주의로 분류한다. 바그너 이후 조성에서 멀어져 가고 있으나, 아직 조성의 틀 안에 있기 때문이다. 그러나 19세기 중반까지의 순수 낭만주의 시대와는 확실히 구별되는 새로운 시도들, 즉 모더니즘(현대성)이 드러나고 있다.

20세기 초반에 모더니즘이 반영된 대표적인 양식으로는 낭만주의의 주정성(또는 주관성)을 극한까지 확장시킨 '후기 낭만주의 음악' 그리고 주정성을 버리고 객관성을 추구한 '인상주의 음악(Impressionism in music)'의 두 갈래가 있다.

## 1) 후기 낭만주의, 극단적으로 치닫는 감성

• 후기 낭만주의에는 고전 · 낭만주의에서 물려받은 전통과 세기말적 시대 상황이 반영된 모더니즘 성향이 함께 공존한다.

• 바그너 이후 장단조의 조성에서 계속 멀어져 가고 있으나 아직 조성의 틀을 완전히 깨지는 않고 있다. 그리고 고전주의에서 낭만주의로 이어지는 전통적 음악 형식 및 감성 표현을 중심으로 하는 음악을 여전히 포용하고 있다. 그렇지만 감성 표현이 너무 극단적인 모습을 보임으로써, 실험적인 음향을 선보이며 클래식 음악미학의 범주를 확장시키고 있다.

• 후기 낭만주의를 대표하는 작곡가로 말러(Gustav Mahler, 1860~1911)와 리하르트 슈트라우스(Richard Strauss, 1864~1949)가 있다.

- 과감한 모더니즘적 음향을 선보인 말러의 교향곡

  말러는 오스트리아의 작곡가, 지휘자, 오페라 감독이다. 작품은 교향곡과 가곡에 집중되어 있다.

① 고전주의 교향곡의 전통적인 형식 구조와 조성을 유지하고 있으나, 작곡 이론으로서의 기능적 의미보다는 상징적인 의미로 존재하여 실질적으로는 전통적인 방법에서 상당히 멀어져 있다.

② 규모가 대단히 장대하다. 연주 시간이 60분에서 100분까지로 상당히 길며, 관현악 편성이 대단히 비대하다.

③ 악기 편성이 당시로서는 대단히 실험적이다. 특히 〈교향곡 No. 6 A단조 비극적 (Tragische)〉(1903~1904)은 카우벨, 종, 나무 해머, 실로폰, 트라이앵글, 공, 만돌린, 첼레스타, 라쳇(Ratchet) 등으로 자신의 깊은 내면 세계로부터의 소리를 소음을 포함한 모던한 음향으로 구사하였다.

말러

④ 성악과 밀접한 연관이 있다. 〈교향곡 No. 1 D장조 거인(Titan)〉(1884~1888)은 자작 가곡의 선율을 차용하였고, 베토벤의 〈교향곡 No. 9〉처럼 성악을 포함하고 있는 〈교향곡 No. 2, No. 3, No. 4, No. 8〉은 교향곡과 가곡의 두 장르가 협연하는 형식으로 확장되었다. 특히 〈교향곡 No. 8 E♭장조〉(1906~1907)는 1910년 초연에 성악가 858명과 오케스트라 인원 171명이 연주하여 〈천인의 교향곡(Sinfonie der Tauseud)〉이라고도 불린다.

⑤ 노랫말을 동양의 시까지 선택의 폭을 넓혔고, 이에 어울리는 이색적인 작곡 기법과 음향을 선보인다. 그의 실질적인 교향곡 No. 9이라고 불리는 〈대지의 노래(Lied von der Erde)〉(1908~1909)는 이태백을 비롯한 중국 시인들의 시를 한스 베트게(Hans Bethge)가 독일어로 번안한 시집 『중국 피리(Die Chinesische Flöte)』 중에서 6편의 시를 선택하여 작곡한 작품이다. 6곡의 개별적인 곡으로 구성되어 있다.

# 말러의 〈교향곡 No. 6 A단조, 비극적〉

말러는 〈교향곡 No. 6〉을 1903~1904년에 작곡하였으며, 초연은 1906년 본인의 지휘로 에센에서 연주되었다. 닉네임 '비극적'은 말러 자신이 붙이지는 않았으나, 1907년 빈 연주 프로그램에 '비극적 교향곡'이라고 처음으로 인쇄되었음을 볼 때 말러가 이 닉네임을 묵인한 것 같다. 새로운 타악기 종류들을 편성하여 혁신적인 음향을 선보인 것에 대하여 초연 당시 음악 비평 잡지로부터 호평을 받았다. 짙은 어두움이 드리워져 있는 비극적인 오케스트라의 음향은 말러의 독창적인 면을 보여 준 것으로 평가되고 있다.

⑬ 『무스케테[Muskete, 소총(小銃)]』라는 주간지에 실린 말러와 〈교향곡 No. 6〉에 편성된 타악기의 캐리커처.

⑭ 말러의 〈교향곡 No. 6〉 마지막 악장에서 나무 해머를 내리치는 연주 모습. 해머로 내리치는 굉음은 '운명의 타격'을 상징한다.

말러의 심포니 〈교향곡 No. 6〉
번스타인(Leonard Bernstein, 1918~1990)의 지휘로 해머를 내리치는 연주 부분

말러의 심포니 〈교향곡 No. 6〉
해머를 내리치는 부분의 리허설 장면

- 그로테스크함과 에로티시즘을 클래식의 미학 범주에 받아들인 리하르트 슈트라우스의 오페라

  리하르트 슈트라우스는 독일의 작곡가이자 지휘자다. 그의 작품은 교회음악을 제외한 전 장르에 걸쳐 있으나, 교향시와 오페라에 두각을 나타냈다.

① R. 슈트라우스는 오페라 〈살로메(Salome)〉(1905)를 오스카 와일드의 단막극을 기초로 하여, 그가 직접 리브레토를 써서 작곡하였다. 클래식 역사상 처음으로 퇴폐주의적 미학을 오페라에 접목시키는 시도를 하였고, 초연부터 대단한 성공을 거두었다. 그는 신약성서에 근거한 팜므파탈의 대명사인 여주인공 살로메의 관능적인 아름다움, 세례자 요한에 대한 병적인 집착, 증오와 복수를 위한 비도덕성 등에서 보여지는 괴기스러움까지 클래식에 끌어들임으로써 전통적인 클래식 음악의 미학 범위를 뛰어넘었다.

리하르트 슈트라우스

② 바그너로부터 이어받은 반음계주의와 불협화음을 조성의 한계까지 몰고 간다.

  그러나 반음계와 온음계, 불협화음과 협화음의 대조를 통해서 심적인 불안감과 안정감, 긴장과 이완, 쓰라림과 달콤함은 극적인 대비를 보인다.

# 리하르트 슈트라우스의 오페라 〈살로메〉

살로메는 신약성경에 나오는 인물이다. 헤롯왕의 의붓딸인 살로메는 세례요한의 사랑을 얻지 못해서, 그를 죽여서라도 소유하고 싶은 욕망에 사로잡힌다. 그녀는 헤롯왕의 생일 연회에서 매혹적인 '7개의 베일의 춤(Dance of the Seven Veils)'을 추고, 그 대가로 세례요한의 목을 요구한다. 헤롯왕은 세례요한을 처형하여 쟁반에 목을 담아서 살로메에게 준다. 리하르트 슈트라우스의 오페라 〈살로메〉에서는 '7개의 베일의 춤'과 살로메가 세례요한의 목을 받고 광기 어린 아리아를 부르는 마지막 장면이 압권이다.

이국적인 동방풍의 멜로디, 흥분되는 음량과 속도의 변화로 클래식에 관능적인 감성을 불어넣은 '7개의 베일의 춤'은 오케스트라 연주만으로도 자주 연주된다.

⑮ 〈환영(The Apparition)〉(1876)
프랑스 상징주의 화가 모로(Gustave Moreau, 1826~1898) 작품. 살로메가 공중에 떠서 피를 흘리고 있는 세례요한의 목을 손으로 가리키고 있다.

 '7개의 베일의 춤' 오페라 〈살로메〉 중

 오페라 〈살로메〉의 마지막 장면

## 2) 드뷔시의 인상주의, 시각을 청각으로 옮김으로써 객관성 도입

드뷔시는 프랑스의 작곡가로서 인상주의 음악을 창시하였다. 19세기 말에서 20세기 초에 걸쳐서 가장 영향력 있는 작곡가에 속한다. 그러나 인상주의 음악은 악파를 형성하지는 못하였고, 작곡 기법으로만 그의 동료나 후대에 크게 영향을 끼쳤다.

드뷔시

- 드뷔시는 인상주의 음악을 1900년경 창시하였고, 〈트리스탄과 이졸데〉에서 정점을 찍고 당시 음악계를 지배하던 바그너주의와 대립된다. 인상주의(Impressionism)라는 용어는 모네(Claude Monet, 1840~1926)의 그림 〈인상, 해뜨는 광경(Impression, Soleil Levant)〉(1870)에서 비롯되었다.

- 인상주의는 대상의 모습 그 자체를 객관적으로 표현하고자 한다. 그러나 사진처럼 사실적인 묘사가 아니고, 대상으로부터 받은 인상을 감상자에게 전달한다. 대상을 접하였을 때 받는 인상은 개인차가 있으므로 다소 주관적이겠지만, 받은 인상 그대로를 객관적으로 표현한다. 낭만주의 예술가가 어떤 대상이든지 공상적, 환상적, 자기중심적인 감정으로 해석하는 태도와 비교된다.

- 드뷔시는 사물에서 받은 인상을 청각으로 전환시키고자 노력하였다. 빛을 받은 사물은 윤곽이 확실치 않으면서 풍부하고 몽환적인 색채를 발광한다. 이러한 모습을 음악으로 표현하기 위하여 드뷔시는 장단조에 근거한 전통 화성학 법칙을 깨고 5음 음계, 병행 화음, 생략 화음, 부가 화음, 11도, 13도 쌓기 등을 즐겨 사용하였고, 동시에 악기에서 자신이 원하는 특별한 음색과 음향을 섬세하게 뽑아 내었다.

- 대표작으로 관현악 작품 〈목신의 오후에의 전주곡〉(1891~1894), 〈녹턴〉(1893), 〈바다〉(1903~1905), 피아노곡집 『판화(Estamps Pour Piano)』(1903), 『기쁨의 섬(L'Isle Joyeuse)』(1904) 등이 있다.

# 드뷔시의 〈바다〉

• 드뷔시의 관현악 작품 〈바다(La Mer, Trois Esquisses Symphoniques Pour Orchestre, L.109)〉 (1903~1905). 드뷔시는 시시각각으로 변화하는 바다 풍경을 관현악곡 〈바다〉에 담았다. '세 개의 교향적 스케치'라는 부제가 달려있다.

 드뷔시의 〈바다〉

⑯ 모네(Claud Monet, 1840~1926) 작품
〈인상, 해 뜨는 광경〉
드뷔시는 젊은 예술가들의 모임인 '화요회'에 즐겨
참석하였고, 이곳의 회원이었던 인상주의 화가,
상징주의 시인들의 영향을 받아서 인상주의 음악을 창
시하였다.

⑰ 드뷔시의 관현악곡 〈바다〉의 초판 표지(1905)
일본 화가 가츠시카 호쿠사이의 〈가나가와 해변의
높은 파도 아래〉라는 판화의 일부분에 약간의
변형을 가한 형태다. 드뷔시는 오래 소장하고 있던
이 그림에서 영감을 받았다고 한다.

# 3. 1910~1945년의 모더니즘
### −현대음악으로의 본격적인 출발

이 시대는 제1차, 제2차 세계대전의 시대이자 물질 문명이 대단한 속도로 발전하던 시대다. 예술가들은 전통적 가치관이 송두리째 뒤흔들리는 현실을 체험하면서, 예술은 과거의 유산을 거부, 비판함에서 출발한다고 생각하였다. 소위 현대음악(Contemporary Music)이 본격적으로 시작되는 시점이다. 주요 흐름은 표현주의와 신고전주의로 집약된다.

 짧은 시간 동안 갑자기 급속 성장한 물질 문명에 의해 피해받는 인간의 모습을 보여 준 무성영화 찰리 채플린의 〈모던 타임즈(Modern Times)〉(1936) 중 '공장' 장면

## 1) 표현주의, 완벽한 조성 파괴

쇤베르크(Arnold Schönberg, 1874~1951)는 표현주의 음악의 창시자다. 유대인으로 오스트
리아에서 태어나서 활동하다, 1933년에 나치를 피해 미국으로 이주하여 1941년에 귀화하였
다. 가장 영향력 있는 20세기 작곡가 중의 한 사람이다. 초기에는 바그너, 말러의 영향을 받아
서 후기 낭만주의 풍으로 작곡하였으나, 칸딘스키, 클레, 마르크 등의 화가들과 절친하게 지내
면서 그들의 표현주의 화풍에 공감하였고, 음악에서의 표현주의를 실현하였다. 제자 알반 베르
크(Alban Berg, 1885~1935)와 안톤 베베른(Anton Webern, 1883~1945)이 스승 쇤베르크
와 같은 노선을 걸으며 독창성을 발휘하였다.

쇤베르크

- 표현주의(Expressionism)는 1873년 대공황의 여파에 의해서 파국으로 치달은 경제와 제1차 세계대전 전후로 독
  일인들이 인간으로서 겪던 불안과 공포의 감정을 그대로 표출한 예술이다. 예술가들은 도처에서 부정의와 비참함
  을 목격하면서, 실망과 절망으로 인한 자아분열적인 공격성, 파괴성, 히스테리까지 예술에 여과없이 표현하였고,
  기존 질서, 국가의 형식주의, 교회, 학문을 증오하며 전복을 꾀하였다. 그 결과 미술은 추상적인 과도한 형태 변형으
  로 나타났고, 음악은 장조와 단조의 조성을 해체하고 무조음악(atonal music)으로 나아갔다.

- 표현주의 음악은 이례적인 음정 진행, 큰 폭의 도약 등으로 장단조 조성에 의한 선율선이 해체됨으로써 무조음악의
  성격을 갖는다. 무조음악은 1914년 이후 12음 기법에 흡수된다. 그 밖에 자주 변하는 음량과 속도, 박자에 구속되
  지 않는 자유 리듬, 새로운 악기 편입 등은 표현주의 음악의 특징이다.

音楽 상식

# 무조음악

무조음악의 예 〈달에 홀린 삐에로〉(1912) 중 제8곡 '밤(Nacht)'
소프라노는 말하듯이 노래한다. 이러한 창법을 쇤베르크는 '슈프레흐슈팀메(Sprechstimme, 회화음)'라고 이름 붙였다.

- 노랫말 번역은 328쪽에 있다.

- 성악부 음표의 기둥에 'X'가 그려져 있는 것은 쇤베르크가 처음 시도한 '회화음'을 표시한 기호다.

- 쇤베르크가 〈달에 홀린 삐에로〉의 서문에 밝혔듯이 회화음은 노래하는 것같이 들리지도 않고, 그렇다고 말하는 것같이 들리지도 않게 한다. 옛 낭송조와도 사뭇 다르다.

- 쇤베르크는 서문에서 연주법에 대하여 "하나의 음을 음가만큼 곧게 발성하지 않고, 음을 정확히 낸 후에 끌어올리거나 끌어내린다. 리듬은 정확히 지킨다. 연주자는 단어의 느낌이나 악곡의 감정을 표현하려 하지 말고 오로지 악보에 있는 그대로 음악만을 연주해야 한다."라고 하였다.

- 반음계적인 선율 진행과 불협화음이 특징적으로 작곡되어, 조성을 전혀 느낄 수 없는 무조성이다.

〈달에 홀린 삐에로〉 중 제8곡 '밤'

# 12음 기법 음악

12음 기법은 한 옥타브 안에 존재하는 12개의 음을 모두 동등하게 취급해야 한다는 생각에서 출발한다. 조성음악은 으뜸음을 기준으로 음계가 형성되고 이를 기초로 주요 3화음 등 음의 기능과 규칙이 있어 화성감을 느끼게 한다. 12음 기법은 이러한 조성적인 진행을 근본적으로 차단하는 방법을 조직화하고 법칙화한 것이다.

작곡가는 12개의 음 중에 중복되거나 생략되는 음이 없게 하여, 임의대로 하나의 기본 음렬을 만든다. 이 기본 음렬(original)을 다시 역행(retrograde), 전위(inversion), 역행의 전위(retrograde inversion)를 만든다. 이 음렬들을 토대로 '12음 기법 음악'을 작곡한다. 쇤베르크의 〈피아노 작품(Klavierstück) Op. 33a〉[1920년경]을 예제곡으로 하여 12음 기법의 작곡법을 엿보기로 한다.

• 피아노 작품 〈Op. 33a〉의 기본 음렬과 역행, 전위, 역행의 전위

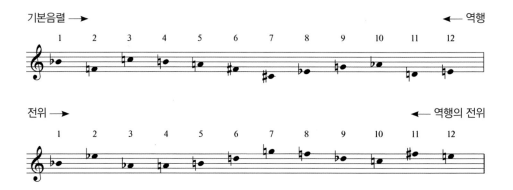

• 기본 음렬을 반음씩 올리면서 차례대로 음렬을 만들면 총 12개의 음렬이 만들어진다. 동일한 방법으로 역행, 전위, 역행의 전위로 12개씩 음렬을 만들면 총 48개의 음렬이 만들어진다.

기본음렬 ⟶                    ⟵ 역행          전위 ⟶                    ⟵ 역행의 전위

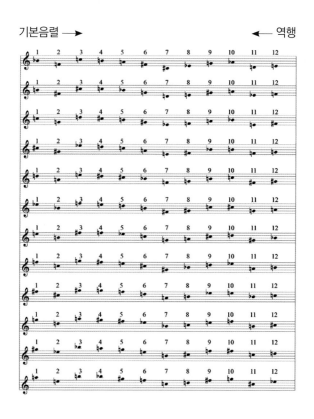
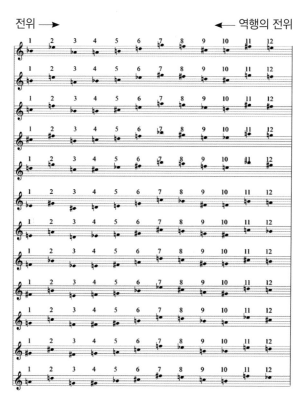

쇤베르크의 피아노 작품 〈Op. 33a〉의 악보다. 작곡가는 처음에는 기본 음렬을 순서대로 사용하는데, 다음의 작품과 같이 화음으로 쌓을 수도 있지만 선율로 펼칠 수도 있다.

쇤베르크의 피아노 작품 〈Op. 33a〉

## 2) 신고전주의, 고전주의 정신 및 형식의 회복

- 신고전주의(Neoclassicism)는 제1차, 제2차 세계대전 사이에 유행하였던 현대음악의 한 양식이다. 후기 낭만주의의 특징인 지나친 주정성, 반음계주의, 비대한 규모 등과 인상주의의 표제음악적 성향, 형식의 모호함 등에 대한 반동으로 발생했다.

- 신고전주의는 균형과 절제의 미를 보여 주는 옛 고전주의의 정신 및 음악 형식을 되찾고자 하는 움직임이다. 바로크 시대와 고전주의 시대 이전의 음악 형식과 기법을 객관적으로 인용하거나 모방하는 방법을 사용한다. 그러나 단순히 옛 스타일로 돌아가려는 것이 아니고, 옛 작곡 기법과 작곡 형식의 원칙을 따와서 새로운 창작에 반영시킨다. 예를 들면, 옛 시대에 성행하였던 콘체르토 그로소, 모음곡(suite), 토카타, 소나타 등의 형식을 가져오기도 하고, 대위법과 푸가 기법을 선호하기도 한다. 그리고 절제를 통하여 필수적으로 있어야만 하는 음들만으로 선율을 지탱한다. 또한 후기 낭만주의의 거대한 악기 편성을 거부하고 옛 시대의 간소한 악기 편성으로 돌아간다. 신고전주의의 리듬 기법은 매우 특이하고, 화성 기법은 조성에서 벗어나도록 하여 대단히 낯설게 느껴지며, 음악에서 감성의 흐름을 냉정하게 배제함으로써 모더니즘적인 특성이 강하게 나타난다.

- 신고전주의를 대표하는 작곡가로 스트라빈스키, 사티, 힌데미트(Paul Hindemith, 1895~1963), 프로코피에프, 버르토크(Béla Bartók, 1881~1945) 등이 있다.

스트라빈스키

• 스트라빈스키(I. Stravinsky, 1882~1971): 러시아 출신 작곡가로 러시아에서 프랑스를 거쳐서 미국으로 이주하여 하버드 대학교 객원교수를 역임한 바 있다.

① 스트라빈스키는 이미 〈봄의 제전〉(1913년 초연)과 〈병사의 이야기〉(1918년 초연)에서도 신고전주의적인 성향을 보여 준다. 그러나 그의 본격적인 신고전주의 작품은 페르골레시(Giovanni Battista Pergolesi, 1710~1736) 및 18세기 전반부 시대의 음악 기법에 의거한 발레 음악 〈풀치넬라(Pulcinella)〉(1920)부터 시작된다. 그 밖에 신고전주의의 대표적인 작품으로는 라틴어 노랫말을 사용한 〈오이디푸스왕(Oedipus Rex)〉(1927), 성경의 시편을 라틴어로 노래하는 〈시편 교향곡(Symphony of Psalms)〉(1930) 등이 있다.

 스트라빈스키의 〈풀치넬라〉      스트라빈스키의 〈시편 교향곡〉

⑱ 풀치넬라는 이탈리아의 민속극에 등장하는 새의 주둥이처럼 생긴 코의 반 마스크를 쓴 하인급의 인물이다. 스트리빈스키의 발레에서는 풀치넬라가 동네 처녀들에게 인기가 좋은 미남으로 등장한다.

• 에릭 사티(Erik Satie, 1866~1925): 프랑스의 작곡가, 피아니스트다. 그의 음악에 자주 나타 나는 독특한 재치 스타일(witty style)은 20세기 현대음악의 방향성에 중요한 영향을 주었다. 특히 프랑스 '6인조'를 비롯한 프랑스의 현대 작곡가들은 그의 스타일을 추종하는 것을 영광 으로 여겼다.

에릭 사티

① 사티는 다다이즘과 초현실주의 운동에 동참한 20세기 초의 전위 작곡가다. 그는 후기 낭만주 의의 과대한 감성이나 인상주의의 모호함을 제거하고, 고전주의 시대 이전의 명료한 조성과 형식 그리고 단순함을 되찾아서, 꾸밈이 없는 소박한 본질만을 남겨야 한다고 생각하였다.

② 사티는 옛 음악을 패러디하여 음악으로 재치와 풍자를 행하는 작곡법을 고안하였으며, 단순함과 반복 기법의 선 구자다. 미요(Darius Milhaud, 1892~1974), 오네게르(Arthur Honegger, 1892~1955), 풀랑크(Francis Jean Marcel Poulenc, 1899~1963)로 대표되는 프랑스 '6인조'는 사티를 수호성인으로 섬기며 그의 작풍을 따랐다. 그 의 음악은 후에 미니멀리즘 등 반복성 음악에 영향을 미쳤다.

③ 사티의 가장 유명한 작품으로 피아노 독주곡 『짐노페디(Gymnopédies)』(1888)가 있다. 『짐노페디』는 3개의 모음곡으로 이루어진 사티의 초기 피아노 모음곡이다. 끊임없는 반복과 끊임없이 유동하는 구조를 가지고 있다. 그는 하이든의 실내악처럼 음악이 배경음악으로서 기능을 하 며 듣는 사람의 주목을 끌려고 의도하지 않는 음악, 소위 '가 구 음악(furniture music)'을 시도하였다. 짐노페디는 고대 스 파르타의 제전에서 젊은 남성들이 나체로 군무를 추던 의식을 말한다.

⑲ 짐노페디 제전의 댄스

에릭 사티의 〈짐노페디〉

• 힌데미트(Paul Hindemith, 1895~1963): 독일 태생의 작곡가로 바이올린 연주자며, 독일, 튀르키예, 미국, 스위스에 거주하였다. 프랑크푸르트 오페라 극장의 악장, 베를린 음악대학 교수, 미국 예일 대학교 교수, 스위스 취리히 대학교 교수, 빈 필하모니 지휘자를 역임하였다.

① 힌데미트는 후기 낭만주의와 표현주의로 출발하였으나 1920년대에 들어서면서 신고전주의로 전환하였고, 신즉물주의 미학관을 받아들였다. 바로크 양식으로 돌아갔으나, 20세기의 모던함과 조합하였다. 예를 들면, 〈루두스 토날리스(Ludus Tonalis)〉(1942)는 바로크의 대표적 음악 형식인 푸가로 작곡되었으나, '평균율 12반음 음계에 의한 새로운 조성(Freie Tonalität)을 토대로 한 대위법'이 적용되었다. 〈화가 마티스(Mathis der Maler)〉(1934)는 그의 신고전주의 대표작으로 16세기의 화가 마티스 그뤼네발트의 생애를 오페라로 작곡한 것이다. 교향곡으로 편곡되어 더 많이 연주된다.

힌데미트

② 음악회용 음악과 별도로, 일반인들이 가정이나 공적, 사적 모임 등 일상생활에서 스스로 연주하며 즐길 수 있는 '실용성을 살린 클래식 음악(Gebrauchsmusik)'을 추구하였다. 힌데미트는 클래식 음악이 청중으로부터 외면당하는 것에 대해 심각하게 우려하였으며, 이 문제를 해결하기 위해 대중이 쉽게 이해할 수 있고, 쉽게 연주할 수 있는 음악을 작곡하려고 의도하였다. 대표적인 예로 어린이를 위한 음악극 〈우리는 도시를 건설해요(Wir bauen eine stadt)〉(1930)가 있다.

힌데미트의 〈루두스 토날리스〉  힌데미트의 〈우리는 도시를 건설해요〉

⑳ 〈우리는 도시를 건설해요〉의 피아노 버전 초판 표지. 쇼트 출판사.

• 프로코피에프(Sergei Sergeyevich Prokofiev, 1891~1953): 소련의 작곡가이며, 피아노 비르투오소이자 지휘자다. 페테르스부르크 음악원을 졸업하였다.

프로코피에프

1917년 러시아 혁명이 일어나자, 1918년 러시아를 떠나서 미국으로 건너갔으나 별 성과를 거두지 못하여 프랑스에 정착하였다. 1920년부터 주로 파리에서 거주하며 음악 활동을 하다, 1932년 다시 소련으로 귀국한 후 몇 년간 모스크바와 파리를 오가며 활동하였다. 1936년에 최종적으로 모스크바에 정착해서 사망시까지 왕성한 작품 활동을 하였다.

• 프로코피에프는 전 장르에 걸쳐서 상당히 많은 작품을 남겼다. 대표적 작품으로 하이든의 기법을 연구하여 작곡한 〈고전적 교향곡(Symphony Classique No. 1, Op. 25)〉(1917)과 오페라 〈세 개의 오렌지에의 사랑(L'amour des trois oranges)〉(1919), 발레곡 〈로미오와 줄리엣(Romeo and Juliet)〉(1935) 등이 있다. 그리고 〈피터와 늑대(Peter and the Wolf)〉(1936)는 어린이들을 위한 음악 동화로 해설자와 오케스트라가 함께 진행한다.

프로코피에프의 〈고전적 교향곡〉

프로코피에프의 〈로미오와 줄리엣〉 No. 13
'Dance of the knights'

영화 〈로미오와 줄리엣〉 중 '무도회(Ball) 장면'

프로코피에프의 〈피터와 늑대〉

 만화 영화 〈피터와 늑대〉

Peter & the Wolf

㉑ 『피터와 늑대』 도서 표지

- 버르토크(Béla Bartók, 1881~1945): 헝가리의 작곡가이자 피아니스트, 종족음악학(비교음악학, Ethnomusicology) 학자다. 프란츠 리스트 음악 아카데미의 피아노 교수를 역임하였다. 나치를 피해서 1940년 미국으로 이주하였고, 빈곤 가운데 1945년 백혈병으로 세상을 떠났다.

버르토크

① 버르토크는 헝가리, 루마니아, 슬로바키아 등 광범위한 지역을 여행하면서 10,000곡 이상의 민요를 녹음하거나 채보하여 분석, 연구하는 종족 음악학자적인 면모를 보였다. 그는 새로운 음악의 돌파구로 민속음악에서 영감을 받아서 5음 음계, 선법, 원시 리듬, 복조성 등의 음악 자료들을 소나타나 론도와 같은 옛 전통 형식 속에서 사용하였다. 그리고 고전주의 시대 이전에 유행하였으나 낭만주의 시대에 잊혀졌던 현악 4중주, 콘체르토 그로소 등의 장르를 선택하기도 하였다.

② 버르토크의 수많은 작품 가운데에서 특별히 유명한 작품으로는 피아노를 타악기처럼 연주하는 원시주의적 색채의 피아노 작품〈알레그로 바르바로(Allegro barbaro)〉(1911)와 현대음악 연주를 위하여 난이도별로 나누어 전 6권으로 구성된 피아노 연습곡집인『미크로코스모스(Mikrokosmos)』(1926~1939) 등이 있다.

㉒ 민요 녹음 작업을 하고 있는 버르토크(1909)

버르토크의〈알레그로 바르바로〉
피아노를 타악기처럼 연주하는 원시주의적인 색채의 피아노 작품이다.

〈알레그로 바르바로〉 악보

버르토크의 『미크로코스모스』 제6권 중 '6개의 무곡(6 dances in bulgarian rhythm).' 버르토크의 연주 녹음이다.
〈미크로코스모스〉는 버르토크가 어린 아들을 가르치기 위하여 작곡하였다고 한다. 1∼2권은 초급, 3∼4권은 중급, 5∼6권은
연주회 레퍼토리로 활용할 만큼 고난도의 연습곡이다. 이 곡은 제6권 중에서 마지막 곡이다.

음악계간지 『더 뮤지컬 타임즈(The Musical Times, New York)』에 실린
버르토크의 미크로코스모스에 대한 일러스트 (1941년 3월 1일)

버르토크의 자필 악보

# 17

## 20세기 후반

① 1980년대의 디지털 컴퓨터

② 1957년부터 시작된 우주 개발

③ 현대의 신도시 모습

# 20세기 후반 이후의 대표적인 현대음악의 갈래

- 20세기 초반부터 발전하기 시작한 과학 기술은 제2차 세계대전이 종식된 이후에 더욱더 빠른 속도로 눈부시게 발전하였고, 현재까지 그 속도는 점점 더 빨라지고 있다. 클래식 작곡가들 역시 이러한 세태를 반영하는 작품을 내놓는다. 그러나 이 시대는 주된 조류가 없이 여러 사조가 난립함으로써 큰 흐름을 특정하기는 대단히 어렵다.

- 20세기 후반에 새로 나타난 작곡 방식으로는 전자 매체를 사용하여 작품을 제작하는 방식이 큰 변화 가운데 하나다. 물론 20세기 전반부부터 연결되는 작품 방식도 존재하지만, 과거에는 상상하지도 못했던 여러 가지 다양한 아방가르드적인 작품들이 속속 등장하였다. 여기에서는 20세기 후반부부터 등장한 수많은 사조 중에서 주된 5가지 사조만을 소개하기로 한다.

# 1. 총렬주의 음악

- 1920년대 쇤베르크의 12음 기법을 기반으로 하여, 20세기 후반의 작곡가들은 12개의 음뿐만 아니라 음높이, 음 정, 음의 강도, 음가, 음색, 나아가서 음역, 템포 등까지 전면적으로 세리(série)를 만들었다. 그래서 '전면적 세리 음악(total serialism)'이라고도 한다. 대표적인 작곡가로 불레즈(Pierre Louis Joseph Boulez, 1925~2016), 슈토 크하우젠(Karlheinz Stockhausen, 1928~2007), 배빗(Milton Babbitt, 1916~2011) 등이 있다.

- 총렬주의 음악(Multiple Serialism)의 예로 불레즈의 〈스트럭쳐 I, II(Structure I, II)〉(1952, 1961) 중 'Ia'를 소개한 다. 이 작품은 총렬주의 음악의 기념비적인 작품이다.

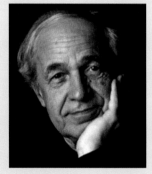

불레즈는 프랑스의 작곡가, 지휘자다. 프랑스에 세 곳, 스위스 한 곳의 현대음악 연구소를 설립하였다. 뉴욕 필하모니 상임 지휘자를 역임하였다.

- 불레즈의 〈스트럭쳐 Ia〉: 12음 기법에 음가, 강세, 어택까지 결합한 예다. 도표를 보면서 악보에 대입해 보면, 음정, 음가, 강세, 어택이 도표의 순서에 의해서 진행되는 것을 볼 수 있다. 도표에 있는 음고, 음가, 셈여림, 아티큘레이션 외에 성악 파트 또는 악기를 다르게 배열하여 음색을 부여할 수 있다.

불레즈의 〈스트럭쳐 I & II〉

# 2. 전자 매체를 사용한 음악

- 플러그를 전원에 꽂음으로써 전자 매체를 작동하게 하여 소리를 변조하거나 소리를 생성하는 모든 음악을 말한다.

- 20세기 초반부터 시도가 있었으나, 1940년대부터 독일어 문화권에서 더 활성화되기 시작하여 1980년대 이후에는 컴퓨터의 발달로 세계 각국에서 더욱 발전하고 있다.

④ 지멘스(Siemens) 전자음악 스튜디오에 설치되어 있는 신시사이저(Synthesizer, 음향합성기)(1959년경)

## 1) 구상 음악(Musique Concrète)

- 프랑스 방송국의 기사인 셰페르(Pierre Schaeffer)가 최초로 시도하고 '구상 음악'이라고 명명한 초기 전자 음악의 일종이다.

- 악기 소리, 사람의 목소리나 동물의 소리, 또는 일상생활 주변에 존재하는 갖가지 실제 소음을 테이프로 녹음한 뒤에 신시사이저를 이용하여 편집, 재구성한 음악이다.

- 구상 음악의 예로 슈토크하우젠의 〈소년의 노래(Gesang der Jünglinge)〉(1955~1956)를 소개한다. 성경을 노랫말로 하여 12세의 보이 소프라노가 노래한 것을 녹음하였고, 그 밖에 다양한 전자음을 곁들여서 편집하여 재생하였다. 소년의 노래는 가사로 내용이 이해된다. 그러나 이 작품에서 그 외의 모든 소리는 음향으로 받아들인다.

슈토크하우젠은 독일의 현대음악 작곡가다. 메시앙(Olivier Messiaen, 1908~1992)과 미요(Danius Milhaud, 1892~1974)의 제자다.
음악 이론 잡지 『디 라이에(Die Reihe)』의 편집장, 미국 펜실베니아 대학교와 캘리포니아 대학교 초청 교수를 역임하였고, 쾰른 음악원 교수로 재직하였다.

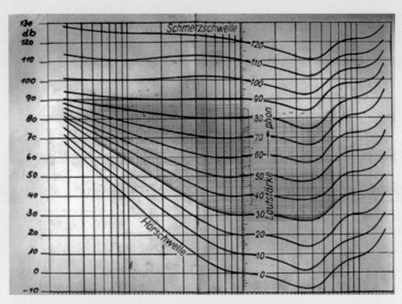

〈소년의 노래〉 연주 악보의 일부다.
'고통을 느끼게 하는 파장(Schmerzschwelle)'이라고 적혀 있으며,
전자 조작이 지시되어 있다.

슈토크하우젠의 〈소년의 노래〉
그래픽 악보와 함께하는 감상 '파트 1'

## 2) 전자 음악(Electronic Music)

• 순수하게 전자기기에서 발생하는 소리만으로 음악을 생산한다. 실제의 소리를 녹음하여 편집 변형시키는 구상 음악과 구별된다.

• 전자기기를 사용하여 음의 길이, 음의 강도, 음의 높이, 음색 등을 정밀하게 세분하고, 또 여러 가지 방식으로 합성한다. 이러한 다양한 방법으로 행하는 작업을 통하여 전자 음악을 만든다.

• 전자기기를 통해서 만드는 세밀하고 다양한 소리는 기존의 오선악보로 수용할 수 없으므로 이러한 소리를 시각화하는 '그래픽 악보(aural score)'가 베힝거(Rainer Wehinger)에 의해 고안되었다.

• 전자 음악의 예로 리게티(Georg Alexander Ligeti, 1923~2006)의 〈아티큘레이션(Artikulation)〉(1958)을 소개한다. 리게티는 이 작품을 쾰른 라디오 방송국(WER)의 녹음실에서 마그네틱 테이프로 녹음하였다. 리게티는 〈아티큘레이션〉의 의미를 "하나의 인위적인 언어다. 질문과 대답, 높은 소리와 낮은 소리, 혼합된 소리와 중단됨, 충동적인 발생과 유머, 달콤함과 속삭임이다."라고 설명하였다. 이 작품은 1958년 다름슈타트, 1993년 뉴 잉글랜드 컨서바토리에서 연주되었다. 후자는 스테레오 사운드로 녹음되었다.

리게티는 헝가리 태생으로 오스트리아 국적을 가진
현대음악의 대표적인 작곡가다.

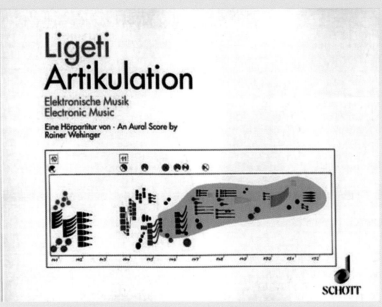

⑤ 리게티의 〈아티큘레이션〉을 베힝거가 시각화하여 제작한 그래픽 악보의 표지다.
이로써 현대음악을 위한 그래픽 악보가 최초로 탄생하게 되었다.
그래픽 악보는 연주하기 위한 악보가 아니라 듣는 이를 위한 악보이며, 보기에 아름답다.

리게티의 〈아티큘레이션〉
베힝거의 그래픽 악보와 함께하는 감상

# 3. 우연성 음악

- 우연성 음악(Musique Aleatorie)은 20세기 예술 음악이 너무 추상화되고, 고도로 정밀하게 구성되는 것에 대한 철저한 반발이다. 이 음악은 무대 위에서 소리를 지르거나, 음식을 먹거나, 악기를 부수거나, 스피커로 소음을 내기도 하는 등 대단히 전위적이다.

존 케이지는 미국의 전위
작곡가이며 음악이론가다.
헨리 카우엘(Henry Cowell)과
쇤베르크의 제자다.
프리페어드 피아노 음악의 선구자이며,
우연성 음악을 창시하였다.
밀리스 대학교, 시카고 디자인 대학교,
블랙마운틴 대학교의 교수를
역임하였다.

- 존 케이지(John Cage, 1912~1992)가 창시하였다. 그는 작품을 완성함에 있어서 음악을 만들려고 하는 작곡가의 의도를 배제하거나 최소화하는 것을 목표로 한다. 작곡가의 역할이 축소되는 반면에, 연주자의 즉흥적인 참여가 요구되기도 하고, 음악회장에서 들리는 일회성의 소음들이 모두 음악에 포함되기도 한다. 존 케이지는 1943년부터 본격적으로 이러한 방향으로 최첨단을 걷는 전위음악가다.

- 우연성 음악의 예로 존 케이지의 〈4분 33초(4'33")〉(1952)를 소개한다. 〈4분 33초〉는 3악장으로 구성되어 있다. 각 악장에는 연주자가 연주해야 할 악보는 전혀 없고 소요 시간만 숫자로 적혀 있으며, 3악장까지 총 4분 33초가 소요된다. 연주자는 침묵하면서 시간이 채워지면 다음 악장으로 넘어가지만 진행 방법은 3악장까지 동일하다. 존 케이지에 의하면 4분 33초 동안 음악회장에서 들리는 작곡가가 지시하지 않은 모든 잡음 그 자체가 작품이라고 한다. 예를 들면, 환풍기 소리, 청중의 수군거리는 소리나 기침 소리, 웃음소리 등 우연적으로 들리는 일회성의 소리 모두가 작품이 되는 것이다. 또 하나의 예로 1960년에 존 케이지가 TV에 직접 출연하여 공연한 〈워터 워크(Water Walk)〉를 소개한다.

존 케이지의 〈4분 33초〉
존 케이지는 각 악장마다 소요 시간만 지시하였다. 연주자는 지시된 시간이 끝나기만을 기다리며 가만히 있는다.
소요 시간 동안에 들리는 모든 잡음 그 자체가 작품이다.

존 케이지가 직접 보스턴의 하버드 스퀘어에서 〈4분 33초〉를 공연하는 모습이다.

1960년 TV에 방영된 존 케이지의 전위음악 공연 〈워터 워크(Water Walk)〉
워터 워크는 물을 받아 놓은 욕조 주위를 걸어다니며 우연성 음악을 만들기 때문에 붙여진 제목이라고 한다.

⑥ 존 케이지가 TV에 출연하여 〈워터 워크〉를 연주하는 모습

# 존 케이지의 프리페어드 피아노를 위한 작품

- '프리페어드 피아노(prepared piano)'란 '준비된 피아노'란 뜻이다. 피아노 현의 곳곳에 나사못, 집게, 지우개 등 갖가지 물질을 미리 장착하여 음의 높이, 음색, 음향 등을 변화시킨 상태에서 피아노를 연주하게 된다.

- 존 케이지는 그의 창작 초기인 1939년부터 그의 스승 카웰(Henry Cowell, 1897~1965)이 1920년대에 시도했던 프리페어드 피아노를 위한 작품을 작곡하기 시작하였다. 존 케이지는 피아노 솔로, 피아노 듀오, 앙상블 음악으로 스승보다 작곡 기법을 확대 발전시키면서 1950년대 초까지 수많은 프리페어드 피아노를 위한 작품을 내놓았다. 그는 그의 본격적인 전위음악인 〈4분 33초〉를 1952년에 발표한 후부터 전위음악 작품 활동에 전념하였다.

- 존 케이지의 프리페어드 피아노를 위한 작품 가운데 가장 유명한 작품에 속하는 〈프리페어드 피아노를 위한 소나타와 간주곡(Sonatas and Interludes for prepared piano)〉(1948) 중에서 '소나타 5번'을 소개한다.

 존 케이지의 〈프리페어드 피아노를 위한 소나타와 간주곡〉 중 '소나타 5번'

⑦ 〈프리페어드 피아노를 위한 소나타와 간주곡〉의 연주를 위해 '피아노의 현과 장착해야 하는 물질 목록' 중 일부다. 이 준비를 위해서만 약 2시간가량이 필요하다.

 ⑧ 피아노의 현에 나사못 등을 장착한 모습

존 케이지의 1978년 모습

# 4. 미니멀 음악

- 미니멀리즘은 예술에서 기교나 꾸밈을 과감히 생략하고 최소한의 본질만을 남기고자 한다. 이렇게 하는 것이 예술이 추구하고자 하는 영원한 목적인 '진실의 본질'로 다가설 수 있다는 주의다.

- 최소한의 단위를 지속적으로 반복한다. 단순성, 집요한 반복성, 최소의 변화로부터의 극대화 추구 등을 특성으로 하며, 절제된 형태로 나타난다.

스티브 라이히는 현재 생존해 있는 미국의 작곡가로 1960년대 후반 미니멀 음악의 개척자다. 2009년에 퓰리처 음악상을 수상하였다.

- 미니멀 음악(Minimal Music)의 예로 스티브 라이히(Steve Reich, 1936~ )의 〈클래핑 뮤직(Clapping Music)〉(1972)을 소개한다. 이 작품은 하나의 리듬 모티브를 기본으로 하여 두 사람의 연주자가 리듬 모티브를 손뼉으로 연주한다. 한 명의 연주자는 8분음표와 8분쉼표로 총 12개로 이루어져 있는 기본 리듬 모티브(1마디)를 작품의 처음부터 끝까지 반복하고, 또 한 명의 연주자는 기본 리듬 모티브를 왼쪽으로 하나씩 밀어 가면서 연주한다. 이런 방법으로 12번 계속하여 다시 본래의 모티브로 돌아오게 되면 작품이 끝난다.

스티브 라이히의 〈클래핑 뮤직〉 악보

⑨ 스티브 라이히가 동료와 함께 〈클래핑 뮤직〉을 연주하고 있다(2017).

스티브 라이히의 〈클래핑 뮤직〉

# 5. 톤 클러스터 음악

- '톤 클러스터(Tone Cluster)'는 온음 이내의 좁은 음정 간격인 다수의 음을 동시에 소리 내는 기법이다. 밀집 음군(音群)이라고 한다.

- 예를 들면, 피아노의 건반을 손가락 대신 손바닥이나 또는 손에서부터 팔꿈치까지 전체로 누르거나, 글리산도(Glissando, 활주법)로 연주한다. 이렇게 함으로써 음군에 의한 선율선 형성이 가능하다.

 예를 들면, 악보와 같이 밀집해 있는 음들을 동시에 소리낸다.

- 톤 클러스터 음악의 예로 펜데레츠키(Krzysztof Eugeniusz Penderecki, 1933~2020)의 〈히로시마의 희생을 위한 애가(Threnody for the Victims of Hiroshima)〉(1960)를 소개한다. 펜데레츠키의 〈히로시마의 희생을 위한 애가〉는 제2차 세계대전 때 히로시마에 원자폭탄이 투하되었던 참상을 기억하기 위해서 작곡된 곡이다. 52개의 현악기가 연주한다. 이 작품으로 폴란드의 문화상과 유네스코상을 받았다.

펜데레츠키는 폴란드의 작곡가이자 지휘자다.
독일 에센 음악 대학 교수, 예일 대학교 교수를 역임하였고, 폴란드 크라코프 음악원 총장을 지냈다.
뮌헨 올림픽 개막식 음악을 작곡하였고, 다수의 수상 경력이 있다.

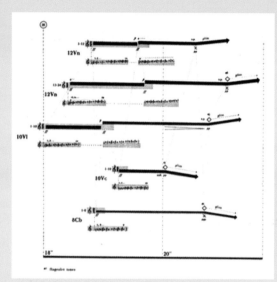

⑩ 펜데레츠키의 〈히로시마의 희생을 위한 애가〉 중에서 톤 클러스터로 연주하는 악보의 한 부분이다.

⑪ 원자폭탄 투하로 처참하게 파괴된 히로시마(1945)

 펜데레츠키의 〈히로시마의 희생을 위한 애가〉

# ● 참고문헌

강해근 역(2006). 바로크 음악은 말한다(Musik als Klangrede). Harnoncourt, Nikolaus 저. 서울: 음악세계. 1982.

권기택 역(1982). 바하의 꾸밈음(Bach's Ornaments). Emery, Walter 저. 서울: 음악춘추사. 1953.

김경임 역(1984). 쇼팽연구(The Chopin Companion). Walker, Alan 저. 서울: 음악춘추사. 1973.

김미애(1990). 서양의 교회음악. 서울: 삼호출판사.

김미애(1991). 음악의 즐거움을 찾아서(The Joy of Music). Lenard, Bernstein 저. 서울: 삼호출판사. 1959.

김미애 역(1992). 쇼팽(Chopin). Bourniquel, Camille 저. 서울: 삼호출판사. 1968.

김미애(1996). 인상주의 음악의 미학에 관한 고찰. 음악연구, 13, 107-130. 한국음악학회.

김미애(1998). 독일가곡의 이해. 서울: 삼호뮤직.

김미애(1999). 바로크 시대의 감정이론(Affektenlehre)에 관한 고찰. 이화음악논집, 제3집, 5-44. 이대음악연구소.

김미애(2014). 헤겔의 음악미학. 경기도: 느낌이있는책.

김미애(2017). 정통장식음연주법. 서울: 학지사.

김성남, 이성균 공역(1987). 모차르트 연주법과 해석(Mozart-Interpretation). Badura-Skoda, Eva and Paul 저. 서울: 현대악보출판사. 1957.

민은기, 오지희, 이희경 공역(2007). 그라우트의 서양음악사 상, 하(A History of Western Music Seventh Edition by Grout). Grout, Donald Jay, Burkholder, J. Peter, Palisca, Claude V. 저. 2006.

박종문 역(1982). 대답없는 질문(The Unanswered Question). Lenard, Bernstein 저. 서울: 주우. 1973.

신금선 역(1994). 현대음악사(Modern Music). Paul, Griffiths 저. 서울: 이화여자대학교 출판부. 1978.

오희숙 역(1994). 음악적 리얼리즘(Musikalischer Realismus-Zur Musikgeschichte des 19. Jahrhunderts). Dahlhaus, Carl 저. 서울: 도서출판 예솔. 1982.

오희숙(2004). 20세기 음악 1 (역사, 미학), 서울: 심설당.

이석원(1997). 현대음악 아방가르드에서 포스트 모더니즘까지. 서울: 서울대학교 출판부.

조선우(2000). 바로크 시대의 연주 실제에 관한 고찰, 음악이론연구, 5, 247-272. 서울대학교 서양음악연구소.

차인현(1991). 그레고리오 성가. 서울: 가톨릭대학 출판부.

현재희 역(1998). 건반음악의 해석(Keyboard Interpretation). Ferguson, Howard 저. 서울: 음악춘추사. 1975.

Beethoven, Ludwig van, & Görner, Rüdiger (1993). *Briefe und Aufzeichnungen*. German: Frankfurt und Leipzig.

Couperin, Francois (1988). *Complete Keyboard Works, Series One & Two*. New York: Dover Publication.

Cyr, Mary (1998). *Performing Baroque Music*. Oregon: Ashgate Publishing.

Dahlhaus, Carl, & Zimmermann Michael (1984). *Musik zur Sprache gebracht. Musikästhetische Texte aus drei Jahrhunderten*. Kassel und Basel: Baerenreiter.

Dahlhaus, Carl (1988). Klassische und romantische Musikästhetik. Laaber: Laaber-Verlag.

Dallin, Leon (1964). *Techniques of Twentieth Century Composition: A Guide to the Materials of Modern Music*(3rd ed.). Iowa: Wm. C. Brown Company Publishers.

Dolmetsch, Arnold (1915). *The Interpretation of the Music of the XVII and XVIII Centuries Revealed by Contemporary Evidence*. London: Novello.

Donington, Robert (1982). *Baroque Music: Style and Performance: A Handbook*. New York: W. W. Norton & Company.

Mann, William (1983). *James Galway's Music in Time*. New York: Harry N Abrams Inc.

Gillespie, John (1965). Five Centuries of Keyboard Music. Belmont: Wadsworth Publishing Company.

Haas, Robert (1931). *Aufführungspraxis der Musik*. Wildpark-Potsdam: Akademische Verlagsgesellschaft Athenaion.

Harnoncourt, Nikolaus (1984). *Der musikalische Dialog. Gedanken zu Monteverdi, Bach und Mozart*. Salzburg und Wien: Residenz-Verlag.

Leopold, Silke (hrsg.) (1992). *Musikalische Metamorphosen*. Kassel und Basel: Baerenreiter.

Little, Meredith, & Natalie, Jenne (2001). *Dance and the Music of J.S. Bach*. Bloomington: Indiana University Press.

Kunze, Stefan(1987). *Wolfgang Amadeus Mozart Briefe*. Stuttgart: Reclam.

Rademacher, Johannes (1995). *Schnellkurs Musik*. Köln: DuMont Reise Verlag.

Rameau, Jean-Philippe [Jacobi, Erwin Reuben (hrsg.)] (1990). *Pièces de clavecin*. Kassel und Basel: Baerenreiter.

Rampe, Siegbert (1995). *Mozarts Claviermusik*. Kassel und Basel: Bäerenreiter.

Rangel-Ribeiro, Victor (1981). *Baroque Music: A Practical Guide for The Performer*. New York: Schirmer Books.

Sachs, Curt (1955). *Our Musical Heritage: A Short History of Music*. New Jersey: Prentice-Hall.

Schering, Arnold (1931). *Aufführungspraxis alter Musik*. Leipzig: Quelle & Meyer.

Schlening, Peter (1984). *Das 18. Jahrhundert: Der Büerger erhebt sich*, Hamburg: Rowohlty.

Schubart, Christian Friedrich Daniel (1806). *Ideen zu einer Äesthetik der Tonkunst*. Wien. [Kaiser Fritz & Margrit (hrsg.) Hildesheim: Georg Olms, 1977].

Toorn, Pieter C. Van den (1983). *The Music of Igor Stravinsky (Composers of the Twentieth Century)*, New Haven: Yale University Press.

# 자료 출처

## 제1부 중세, 르네상스 시대

### 제1장 클래식 음악의 시조 그레고리오 성가

① https://gpcentofanti.wordpress.com/2015/04/26/cristo-buon-pastore-dalle-omelie- sui-vangeli-di-san-gregorio-magno-papa/
② http://www.santiebeati.it/dettaglio/24350
③ http://southernorderspage.blogspot.com/2012/09/what-would-bishops-of-vatican-ii- have.html
④ http://www.wikiwand.com/fr/Antiphonaire_de_Hartker
⑤ http://www.tempusimperfectum.com/
⑥ http://www.wikiwand.com/fr/Antiphonaire_de_Hartker
⑦ https://www.pinterest.co.kr/pin/420312577707425946/
⑧ http://hl-herz-jesu.blogspot.com/2012/04/in-eigener-kraft-ist-christus.html

### 제2장 모테트, 폴리포니 예술의 꽃

① https://www.mozartsroses.com/a-few-little-words-about-the-motet.html

② https://pixels.com/featured/1-medieval-choir-1479-granger.html

### 제3장 15~16세기 기악 연주의 묘미, '즉흥 자유장식 연주'

① https://timothyseaman.com/en/timothys-blog/entry/sample-the-musical-instruments-of-the-renaissance-period
② https://thesublimeblog.org/2019/06/29/music-of-the-renaissance-mille-regretz-a-thousand-regrets/
③ https://cdn-617fc9a2c1ac186784d32f45.closte.com/wp-content/uploads/2009/10/anon-17C1.JPG
④ http://italianmusicduringtherenaissance.blogspot.com/2012/ 05/music-during-renaissance.html
⑤ https://www.peninsulareviews.com/wp-content/uploads/2017/06/Renaissance-Music-Image.jpg
⑥ https://www.mollenhauer.com/en/catalog/recorders/series-overview/denner#content?iccaldate=2017-7-1&cookie_402a68bf67b2052159bc971bbf3c40cd=accepted?iccaldate=2024-01-1?iccaldate=2019-2-1?iccaldate=2019-4-1?iccaldate=2018-05-1?iccaldate=2021-4-1&cookie_402a68bf67b2052159bc971bbf3c40cd=accepted?iccaldate=2024-02-1?iccaldate=2020-

7-1?iccaldate=2022-6-1?iccaldate=2023-08-1&cookie_402a68
bf67b2052159bc971bbf3c40cd=accepted?iccaldate=2019-12-
1?iccaldate=2018-2-1?iccaldate=2022-9-1?iccaldate=2016-9-
1&cookie_402a68bf67b2052159bc971bbf3c40cd=accepted?icc
aldate=2024-2-1&cookie_402a68bf67b2052159bc971bbf3c40cd
=accepted?iccaldate=2014-04-1?iccaldate=2014-05-1&cookie_4
02a68bf67b2052159bc971bbf3c40cd=accepted?iccaldate=2023-
3-1&cookie_402a68bf67b2052159bc971bbf3c40cd=accepted?
iccaldate=2023-6-1?iccaldate=2020-10-1&cookie_402a68bf67
b2052159bc971bbf3c40cd=accepted?iccaldate=2016-10-1&co
okie_402a68bf67b2052159bc971bbf3c40cd=accepted?iccalda
te=2015-6-1&cookie_402a68bf67b2052159bc971bbf3c40cd=acc
epted?iccaldate=2023-09-1?iccaldate=2021-5-1?iccaldate=2016-
2-1&cookie_402a68bf67b2052159bc971bbf3c40cd=accepted?i
ccaldate=2023-12-1?iccaldate=2021-2-1?iccaldate=2021-1-1&co
okie_402a68bf67b2052159bc971bbf3c40cd=accepted?iccalda
te=2019-3-1&cookie_402a68bf67b2052159bc971bbf3c40cd=acc
epted?iccaldate=2015-5-1?iccaldate=2020-08-1?iccaldate=2017-
4-1?iccaldate=2026-07-1?iccaldate=2024-12-1?iccaldate=2015-6-
1?iccaldate=2016-03-1&cookie_402a68bf67b2052159bc971bbf3c
40cd=accepted?iccaldate=2022-4-1&cookie_402a68bf67b205215
9bc971bbf3c40cd=accepted?iccaldate=2020-12-1&cookie_402a6
8bf67b2052159bc971bbf3c40cd=accepted?cookie_402a68b
f67b2052159bc971bbf3c40cd=accepted?iccaldate=2023-08-
1?iccaldate=2018-4-1&cookie_402a68bf67b2052159bc971bbf3c40
cd=accepted?iccaldate=2022-12-1&cookie_402a68bf67b2052159
bc971bbf3c40cd=accepted?iccaldate=2018-9-1?iccaldate=2021-9-
1?iccaldate=2016-01-1&cookie_402a68bf67b2052159bc971bbf3c4
0cd=accepted?iccaldate=2021-9-1&cookie_402a68bf67b2052159b
c971bbf3c40cd=accepted?iccaldate=2022-08-1?iccaldate=2019-3-

1?iccaldate=2021-8-1?iccalda

⑦ https://gayleneuman.files.wordpress.com/2014/06/instruments-
christmas-cd-026.jpg

### 제4장  16세기 아카펠라 중창곡의 유행, '마드리갈'

① http://missjacobsonsmusic.blogspot.com/2010/04/music-of-
medieval-ages-film-notes.html
② https://quizlet.com/542793860/w08-madrigals-and-instrumental-
music-flash-cards/ 또는
https://pad.philharmoniedeparis.fr/contexte-claudio-
monteverdi-et-le-madrigal.aspx
③ https://img9.doubanio.com/img/musician/large/4611.jpg
④ https://www.amazon.com/Kings-Singers-Madrigal-History-Tour/
dp/B000002SGT

## 제2부 바로크 시대

### 제5장  바로크 소나타, 고귀한 품격

① https://www.leilaviss.com/get-inspired/episode-12-going-
baroque
② https://de.wikipedia.org/wiki/Arcangelo_Corelli#/media/
Datei:Arcangelo_Corelli,_portrait_by_Hugh_Howard_(1697).jpg
③ https://www.mymusictheory.com/learn-music-theory/for-
students/grade-8-music-theory/trio-sonatas/444-1-introduction-
to-the-trio-sonata

## 제6장 J. S. 바흐는 왜 유명한가

① https://commons.wikimedia.org/wiki/File:Bach-1725-Organ.jpg
② http://www.malermusicus.de/bach/stabi.htm
③ http://www.bach.de/leben/chronik.html
④ https://meinhardo.wordpress.com/2012/01/07
⑤ https://de.wikipedia.org/wiki/Cembalo
⑥ https://i.pinimg.com/originals/5d/c2/fe/5dc2fe05f1ad30014cbb0 60615dbcbf5.jpg
⑦ http://www.artnet.com/artists/jean-antoine-watteau/fete-galante-OVgU1_RWavGh2yKNqDwE5Q2
⑧ http://grups.blanquerna.url.edu/m38/4/4c.htm
⑨ https://de.wikipedia.org/wiki/Thomaskirche_(Leipzig)
⑩ https://upload.wikimedia.org/wikipedia/commons/9/98/ Johann.Sebastian.Bach.Mosaikfenster.Thomaskirche.Leipzig.jpg
⑪ https://intmassmedia.com/2017/06/10/the-last-singer-the-castrato/
⑫ https://www.br-klassik.de/aktuell/news-kritik/kastrat-skelett-forscher-untersuchung-gaspare-pacchierotti100.html
⑬ http://www.documentamusica.de/html/en-bio-bach.html
⑭ https://geboren.am/person/johann-sebastian-bach
⑮ https://commons.wikimedia.org/wiki/File:Apsis_Thomaskirche_ Leipzig_02.JPG
⑯ https://de.wikipedia.org/wiki/Thomaskirche_(Leipzig)#/media/ File:Statue_of_J.S._Bach_in_Leipzig.jpg

## 제3부 고전주의 시대

### 제7장 파파 하이든 그리고 그의 음악 유머

① https://www.digitalconcerthall.com/en/concerts/conductor_ nikolaus%20harnoncourt/composer_joseph%20haydn
② http://media-3.web.britannica.com/eb-media/42/19242-004-018A8B2B.jpg
③ https://en.wikipedia.org/wiki/St._Stephen's_Cathedral,_Vienna
④ https://en.wikipedia.org/wiki/Symphony_No._96_(Haydn)#/ media/File:Hanover-Square-Rooms-concert.jpg
⑤ https://upload.wikimedia.org/wikipedia/commons/2/2e/Franz_ Joseph_Haydn_1732-1809 _by_John_Hoppner_1791.jpg
⑥ https://en.wikipedia.org/wiki/Joseph_Haydn#/media/ File:HaydnsHouseInVienna.PNG

### 제8장 모차르트는 최상급 천재!

① http://www.musicologie.org/Biographies/mozart_w_a.html
② http://www.musicologie.org/Biographies/mozart_w_a.html
③ http://www.mflothow.de/personen/oesterreicher/ 1740mariatheresia.htm
④ http://www.musicologie.org/Biographies/mozart_w_a.html
⑤ https://en.wikipedia.org/wiki/Johann_Andreas_Stein
⑥ http://www.musicologie.org/Biographies/mozart_w_a.html
⑦ http://www.habsburger.net/de/medien/edouard-hamman-mozart-am-spinett-zum- ersten-mal-aus-don-giovanni-einer-kleinen-gesellschaft
⑧ http://www.viennatouristguide.at/Friedhoefe/Zentralfriedhof/

Index_32A_Bild/32A_ Mozart_55.htm

⑨ https://en.wikipedia.org/wiki/The_Magic_Flute

⑩ https://www.alamy.com/stock-image-mozarts-eine-kleine-nachtmusik-in-the- composers-handwriting-first-163029243.html

⑪ https://www.epochtimes.de/feuilleton/mozart-in-island-klarinettenkonzert-a-dur- a2453613.html

## 제9장 베토벤의 교향곡, 낭만주의 시대를 열다

① http://lvbandmore.blogspot.com/2010/08/820-copyist-problems.html

② http://www.henle.de/blog/en/2014/06/09/a-%E2%80%9Cnew%E2%80%9D-mozart- work-on-the-c-minor-%E2%80%9Cfantasy%E2%80%9D-k-396385f-in-its-original-setting-for-violin-and-piano/

③ https://en.wikipedia.org/wiki/French_Revolution

④ https://en.wikipedia.org/wiki/French_Revolution

⑤ https://www.hanisauland.de/kalender/201812/ludwig-van-beethoven-taufe

⑥ https://en.wikipedia.org/wiki/Ludwig_van_Beethoven#/media/File:Thirteen-year-old _Beethoven.jpg

⑦ https://www.buergerfuerbeethoven.de/start/index.html?cl= beethoven&mi=6&mi2=1&mi3=1&so=1&ca=news&ni=1&ci=5480

⑧ http://losupeencuantotevi.blogspot.com/2013/01/testamento-de-heiligenstadt.html

⑨ https://www.beethoven.de/sixcms/list.php?page= ausstellungsstuecke_museum_en&sprache=englisch&_mid=1746&skip=10

⑩ http://www.alewand.de/fotos/wien/fo293.htm

⑪ https://upload.wikimedia.org/wikipedia/commons/0/0e/

Beethoven_Hornemann.jpg

⑫ https://en.wikipedia.org/wiki/Ludwig_van_Beethoven#/media/File:Beethoven_ M%C3%A4hler_1815.jpg

⑬ http://blog.koreadaily.com/view/myhome.html?fod_style=B&med_usrid= tulbojames&cid=297615&fod_no=7
https://www.robertsoncooper.com/good-daily-psychology-article/1045-a-walk-in-the-park-beethoven-s-daily-habit-for-inspiring-creative-breakthroughs

⑭ http://pds26.egloos.com/pds/201802/02/89/Beethoven_Museum_Pressefoto_09. jpg

⑮ https://commons.wikimedia.org/wiki/File:Beethoven_bust_statue_by_Hagen-crop.jpg

# 제4부 낭만주의 시대

## 제10장 성격 소곡과 독일 가곡—19세기 음악애호가들의 음악 사랑

① https://www.pinterest.co.kr/pin/380906080963964325/

② https://www.pinterest.co.kr/pin/380906080963964325/

③ https://en.wikipedia.org/wiki/Julius_Schmid_(painter)#/media/File:Julius_Schmid_ Schubertiade.jpg

④ https://wortliebling.com/2014/01/31/schubertiade/

⑤ https://www.npr.org/sections/deceptivecadence/2013/01/28/170484731/meet-the- musical-mendelssohns-felix-and-fanny

⑥ https://www.thoughtco.com/mendelssohns-songs-without-words-724399

⑦ http://www.chopinwithoutpiano.com/why-chopin/

⑧ https://en.wikipedia.org/wiki/Franz_Liszt#/media/File:Boesendorfer_Liszt_Franz_Joseph. jpg

⑨ https://commons.wikimedia.org/wiki/File:Liszt_at_the_Piano.JPG

⑩ http://www.habsburger.net/en/media/schubertiade-middle-class-viennese-household- heliogravure-after-painting-julius-schmid-2nd-0

⑪ https://www.colourbox.de/bild/klavier-mechanismus-hammer-des-strings-offen-bild -1745041

⑫ https://www.pinterest.co.uk/pin/389068855294835946/

⑬ https://www.pinterest.co.kr/pin/486318459738129742/

⑭ http://lvbandmore.blogspot.com/2011/05/518-beethoven-and-piano.html

⑮ http://www.ptg.org/Scripts/4Disapi.dll/4DCGI/cms/review.html?Action=CMS_Document &DocID=117&MenuKey=Menu9

⑯ https://ww1.wdr.de/radio/wdr3/musik/wdr3-werkbetrachtungen/werkbetrachtung- brahms-klaviertrio-c-dur-100.html

⑰ https://wortliebling.com/2014/01/31/schubertiade/

⑱ https://www.welt.de/kultur/buehne-konzert/article 145175904/Der-Nachlass-des-groessten-Liedsaengers-aller-Zeiten.html#cs-lazy-picture-placeholder-01c4eedaca.png

⑲ http://www.landschaftsfotos.eu/bild/Galerien~Jahreszeiten~Fruhling/19117/ alleinstehender-lindenbaum-in-der-rheinebene-im.html

⑳ https://brunch.co.kr/@truth-art/14

## 제11장 비르투오소 콘서트!

① https://commons.wikimedia.org/wiki/File:A_full_house,_seen_from_the_rear_of_the_ stage,_at_the_Metropolitan_Opera_House_for_a_concert_by_pianist_Josef_Hofmann,_1_-_NARA_-_541890.jpg

② https://www.akg-images.co.uk/archive/Paganini-the-master-sorcerer- 2UMDHUKMLFCJ.html

https://www.ualrpublicradio.org/post/when-niccol-paganini-broke-his-strings-0

https://mirfaces.com/wp-content/uploads/2016/03/Paganini-1.jpg

https://www.gutenberg.org/files/39571/39571-h/images/plate_006.jpg

③ http://wgucmusicblog.blogspot.com/2015/11/stars-on-stage-franz-liszt.html

④ https://www.faz.net/aktuell/feuilleton/klassische-musik-im-comic-looney-liszt-im -trickfilmland-11566027/der-virtuos-franz-liszt-1811-11573211.html

http://www.tenzergrafik.de/portfolio/k-099-piano.htm

⑤ https://www.nytimes.com/2013/11/17/arts/music/classical-music-boxed-sets- multiply.html

## 제12장 낭만 오페라

① https://www.broadwayworld.com/sarasota/article/BWW-Review-LA-TRAVIATA-at- Sarasota-Opera-20171120

② https://www.wfmt.com/2017/12/05/turandot-giacomo-puccini/

③ https://en.wikipedia.org/wiki/Jonas_Kaufmann#/media/File:Salzburger_Festspiele_2012 _-_Carmen.jpg

④ https://www.visit-dorset.com/whats-on/screening-met-opera-aida-p2483533

⑤ http://radio.wosu.org/post/opera-abbreviated-podcast-verdis-aida-met#stream/0

⑥ https://en.wikipedia.org/wiki/La_Scala

⑦ https://en.wikipedia.org/wiki/Vienna_State_Opera

⑧ https://en.wikipedia.org/wiki/Sydney_Opera_House#/media/File:Sydney_Opera_House_-_Dec_2008.jpg

⑨ http://www.xinhuanet.com/world/2016-03/02/c_128767301.htm

⑩ http://www.koenig-ludwig-schloss-neuschwanstein.de/schloss-neuschwanstein/sagen/die-lohengrin-sage-sage-vom-schwanenritter/

⑪ https://en.wikipedia.org/wiki/Giacomo_Puccini

⑫ https://theatrestorm.files.wordpress.com/2017/06/la-boheme.jpg

⑬ https://dv2oc5tyj18yr.cloudfront.net/13pressroom/files/2018/03/Elisir_0197_C.jpg

⑭ https://de.wikipedia.org/wiki/Carmen

⑮ https://www.telegraph.co.uk/connect/small-business/good-to-share-extraordinary-stories-ordinary-employees/

⑯ http://www.restbee.ru/guides/ekskursii/kul-tura-italii-muziei-i-tieatry.html

## 제13장 발레 음악

① http://www.ibiblio.org/wm/paint/auth/degas/ballet/degas.rehearsal.jpg

② https://en.wikipedia.org/wiki/Basse_danse

③ http://www.classiquenews.com/wp-content/uploads/2015/07/louis-XIV-danseur-ballet-royal-de-la-nuit-le-roi-soleil-aurore-et-naissance-du-mythe-royal-solaire-Paris-theatre-du-petit-bourbon-fevrier-1653-CLASSIQUENEWS-dossier-presentation.jpg

④ http://possessionsofalady.blogspot.com/2011/12/

⑤ https://danceviewtimes.typepad.com/where_were_you_sitting/2007/11/camargo-in-dc-a.html

⑥ https://en.wikipedia.org/wiki/Romantic_ballet#/media/File:Pas-de-Quatre.jpg

⑦ https://www.bolshoi.ru/persons/ballet/66/

⑧ https://www.thetimes.co.uk/article/dance-review-giselle-at-covent-garden-v7kkpkvxx

⑨ https://www.thoughtco.com/swan-lake-acts-i-and-2-synopsis-723768

⑩ https://moscowballet.wordpress.com/2010/09/15/moscow-ballet%E2%80%99s-deepest-discounts-on-great-russian-nutcracker-tickets-expires-sept-30/

⑪ https://www.balletandopera.com/classical_ballet/swanlake-herm/info/sid=GLE_1&play_date_from=01-Sep-2018&play_date_to=30-Sep-2018&playbills=59617

⑫ http://www.danceaustralia.com.au/reviews/queensland-ballet-the-nutcracker

⑬ https://www.mariinsky-theatre.com/performance/Peter_Tchaikovsky__Sleeping_Beauty___bal/

⑭ http://web-static.nypl.org/exhibitions/nijinsky/full/2045V.html

⑮ https://corvallisreview.blogspot.com/2015/06/stravinskys-rite-of-spring-and-dance.html
https://shrineodreams.files.wordpress.com/2013/06/sacre_la.jpg

⑯ http://www.noureev.org/rudolf-noureev-biographie-passage-a-l-ouest-1961/

⑰ https://ums.org/2015/10/14/dance-renegade-choreography-of-william-forsythe/

⑱ https://www.marcusrenner.com/buehne

## 제14장 교향시(Symphonic Poem)
### ─오케스트라가 들려 주는 이야기

① https://www.local802afm.org/allegro/articles/a-year-of-hope-and-challenge/
② https://www.limelightmagazine.com.au/reviews/review-mozarts-jupiter-australian- brandenburg-orchestra/
③ https://redsearch.org/images/p/symphonie_fantastique_berlioz_youtube#images-7
④ http://radiowest.kuer.org/post/berliozs-symphonie-fantastique
⑤ https://en.wikipedia.org/wiki/Scheherazade#/media/File:One_Thousand_and_One_ Nights17.jpg
⑥ https://de.wikipedia.org/wiki/Der_Zauberlehrling_(Dukas)
⑦ http://www.helpster.de/smetana-die-moldau-informatives_207922
⑧ https://parkersymphony.org/smetana-the-moldau
⑨ https://biohomecares.com/discover-biohomekeeping/ocean-waves-may-hold-key -endless-renewable-energy/


## 제15장  19세기 클래식 오락 음악

① http://www.lasplash.com/publish/Entertainment/cat_index_chicago_performances/lyric- opera-s-die-fledermaus-review-like-the-lilt-of-a-brisk-waltz.php
② https://earlydance.org/node/14944
③ https://de.wikipedia.org/wiki/Operette#/media/File:Bouffes_parisiens.jpg
https://de.wikipedia.org/wiki/Operette
④ https://www.muenchen.de/aktuell/2017-10/erfolgreicher-start-fuers- gaertnerplatztheater-umjubelte-premiere-der-lustigen-witwe.html
⑤ https://commons.wikimedia.org/wiki/File:Henri_de_Toulouse-Lautrec_031.jpg
⑥ https://www.redriverradio.org/post/lyric-opera-chicago-johann-strauss-jrs-die-fledermaus-german
⑦ http://www.aroundthetownchicago.com/wp-content/uploads/2014/12/Merry-Widow- 5.jpg
⑧ http://www.etravel.news/russia/dancing-with-the-czars-special-packages/
⑨ http://www.walternelson.com/dr/sites/default/files/imagepicker/w/walter/quadrille.gif
⑩ https://www.pinterest.co.kr/pin/467107792580772035/
⑪ http://www.wikidancesport.com/wiki/1085/polka
⑫ https://www.youtube.com/watch?v=h1duadjYLm4
⑬ https://www.americanantiquarian.org/Exhibitions/Dance/types.htm


# 제5부 20세기 음악

## 제16장  20세기 전반

① http://www.izumikimura.com/concert-view/sonatas-interludes-prepared-piano-john- cage-improvisations/
② https://davidbcollins.files.wordpress.com/2012/04/artikulation_score.jpg
③ http://telephones.newenglandhistorywalks.com/models
④ https://en.wikipedia.org/wiki/Edison_light_bulb
⑤ https://en.wikipedia.org/wiki/Phonograph

⑥ http://www.century-of-flight.net/Aviation%20history/airliners/
airliners%20timeline12. htm

⑦ https://www.washingtonpost.com/news/the-switch/
wp/2013/12/24/merry-christmas- 107-years-ago-tonight-americans-
heard-the-worlds-first-ever-radio-show/?noredirect=on

⑧ https://www.elist10.com/top-10-amazing-facts-about-world-
war-i/

⑨ https://www.elist10.com/top-10-amazing-facts-about-world-
war-i/

⑩ https://www.infranken.de/regional/nuernberg/Bombenhagel-
auf-Franken-26-000- Tote;art88523,982422,::pic56051,1699228?_
FRAME=1

⑪ http://blogs.discovermagazine.com/lovesick-cyborg/2015/08/09/
how-the-atomic- bomb-myth-disarmed-america/#.XEhG81wzaM-

⑫ https://commons.wikimedia.org/wiki/File:Wassily_Kandinsky_-_
Impression_III_ (Concert)_-_Google_Art_Project.jpg

⑬ http://www.la-belle-epoque.de/mahler/sinf06_d.htm

⑭ https://www.independent.co.uk/arts-entertainment/classical/
news/why-a-huge- mallet-takes-centre-stage-in-gustav-mahlers-
symphony-no-6-a6725856.html

⑮ https://deskgram.net/explore/tags/%EA%B7%80%EC%8A%A4%E
D%83%80%EB%B8% 8C%EB%AA%A8%EB%A1%9C

⑯ https://en.wikipedia.org/wiki/Claude_Monet

⑰ https://en.wikipedia.org/wiki/La_mer_(Debussy)

⑱ https://www.liveinternet.ru/users/rosavetrov/post413810667/

⑲ https://en.wikipedia.org/wiki/Gymnopaedia#/media/
File:Corybantian_dance_from_ Smith%27s_Dictionary_of_
Antiquities_(SALTATIO_article).png

⑳ https://continuo.files.wordpress.com/2011/05/wirbauen.jpg

㉑ https://en.wikipedia.org/wiki/Peter_and_the_Wolf

㉒ https://upload.wikimedia.org/wikipedia/commons/1/1a/Bartok_
recording_folk_music. jpg

## 제17장 20세기 후반

① https://pir.org/throwbackthursday-mitre/

② https://www.twente.com/en/twenty-twente/strijd-om-een-reis-
naar-united- space- school-in-houston/

③ http://www.wallconvert.com/wallpapers/digital-art/modern-city-
architecture- 15360.html

④ https://upload.wikimedia.org/wikipedia/commons/c/c7/DM_
Recording_Studio.jpg

⑤ https://twitter.com/miriamquick/status/ 702833546323476481

⑥ https://www.deutschlandfunkkultur.de/comic-partituren-und-
badewannen- blues.1013.de.html?dram:article_id=173246

⑦ https://en.wikipedia.org/wiki/Works_for_prepared_piano_by_
John_Cage#/media/File: Sonatas-interludes-table.gif

⑧ http://www.izumikimura.com/concert-view/sonatas-interludes-
prepared-piano- john-cage-improvisations/

⑨ http://washingtonclassicalreview.com/2017/10/19/ensemble-
signal-celebrates- steve-reich-at-library-of-congress/

⑩ https://music7703lsu.wordpress.com/2017/05/02/threnody-for-
the-victims-of -hiroshima-for-52-strings-by-krzysztof-penderecki/

⑪ http://thelistenersclub.com/tag/krzysztof-penderecki/

# 저자
# 소개

**김미애(Km, Miai)**

 경희대학교 음악대학에서 피아노를 전공하였고, 동 대학교 대학원에서 석사학위를, 독일 도르트문트 국립대학교 음악학과에서 철학박사학위(Dr. phil.)를 받았다. 주된 연구 분야는 음악사와 음악미학이다. 모교인 경희대학교 음악대학 교수로 25년간 근무하였고, 현재는 경희대학교 명예교수로서 경희대학교 후마니타스 칼리지에서 음악 강의를 하고 있다.

 저서로는 『서양의 교회음악』(삼호출판사, 1990), 『한국의 예술가곡』(시와 시학사, 1996), 『독일 가곡의 이해』(삼호출판사, 1998), 『헤겔의 음악미학』(번역 및 해설, 느낌있는책, 2014), 『정통 장식음 연주법』(학지사, 2016), 『12주제의 클래식 음악 콘서트』(학지사, 2019)가 있고, 역서로는 『번스타인의 음악론』(삼호출판사, 1991), 『음악의 즐거움을 찾아서』(삼호출판사, 1991), 『쇼팽』(삼호출판사, 1992)이 있으며, 이 외에도 다수의 논문이 있다.

# 클래식 음악사 특강
## *A Special Lecture on Classical Music*

2023년 3월 10일 1판 1쇄 인쇄
2023년 3월 20일 1판 1쇄 발행

지은이 • 김미애
펴낸이 • 김진환
펴낸곳 • ㈜ **학지사**
　　　　04031 서울특별시 마포구 양화로 15길 20 마인드월드빌딩
대표전화 • 02-330-5114　　팩스 • 02-324-2345
등록번호 • 제313-2006-000265호

홈페이지 • http://www.hakjisa.co.kr
페이스북 • https://www.facebook.com/hakjisabook

ISBN 978-89-997-2849-5　03370

정가 22,000원

출판미디어기업 **학지사**
간호보건의학출판 **학지사메디컬** www.hakjisamd.co.kr
심리검사연구소 **인싸이트** www.inpsyt.co.kr
학술논문서비스 **뉴논문** www.newnonmun.com
교육연수원 **카운피아** www.counpia.com